本书为国家社会科学基金项目"货币政策传导效应中的社会资本作用机理研究"（项目编号：14BGL037）阶段性成果

Minying Zhongxiao Qiye
Zhengzhi Guanlian Dui Xindai Rongzi
Yingxiang De Lilun Yu Jingyan Yanjiu

民营中小企业政治关联对信贷融资影响的理论与经验研究

郭丽婷 / 著

中 国 财 经 出 版 传 媒 集 团

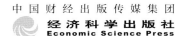

经济科学出版社
Economic Science Press

图书在版编目（CIP）数据

民营中小企业政治关联对信贷融资影响的理论与经验
研究/郭丽婷著 . —北京：经济科学出版社，2018. 10
ISBN 978 - 7 - 5141 - 7416 - 8

Ⅰ. ①民…　Ⅱ. ①郭…　Ⅲ. ①中小企业 - 民营企业 -
企业融资 - 研究 - 中国　Ⅳ. ①F279. 243

中国版本图书馆 CIP 数据核字（2016）第 261569 号

责任编辑：杜　鹏　顾瑞兰
责任校对：徐领柱
责任印制：邱　天

民营中小企业政治关联对信贷融资影响的理论与经验研究

郭丽婷　著

经济科学出版社出版、发行　新华书店经销
社址：北京市海淀区阜成路甲 28 号　邮编：100142
编辑部电话：010 - 88191441　发行部电话：010 - 88191522
网址：www. esp. com. cn
电子邮件：esp_bj@163. com
天猫网店：经济科学出版社旗舰店
网址：http：//jjkxcbs. tmall. com
固安华明印业有限公司印装
710 × 1000　16 开　10. 25 印张　180000 字
2018 年 11 月第 1 版　2018 年 11 月第 1 次印刷
ISBN 978 - 7 - 5141 - 7416 - 8　定价：49. 00 元

前　言

　　三十余年的改革开放浪潮，为我国民营中小企业提供了良好的发展契机，使其在经济、社会中的重要地位日益凸显。但是，我国民营中小企业长期受到资源分配体制性主从次序的影响，在社会资源获取方面尤其是信贷资源获取方面，仍然存在一些自身难以突破的制度性瓶颈约束。近年来，民营企业家通过参政议政来构建政治关联，获取社会稀缺资源的现象屡见不鲜。民营企业竞相构建政治关联的行为引起了学术界的高度关注。作为理论界一个新兴的研究领域，现有研究关注的重点问题普遍是"政治关联对企业有何影响"，且研究对象多为民营大型企业。对于我国为数众多的民营中小企业而言，政治关联动机有何特殊性？政治关联与其面临的融资约束有何关系？我国现有的制度背景对民营中小企业政治关联的构建及政治关联效应的发挥又有何影响？学术界对于这些问题还鲜有研究。

　　为了探索理论上的未知与疑惑，本书在已有文献的基础上展开研究。全书共8章，除第1章绪论外，第2～4章在企业信贷融资理论、政府管制理论、寻租理论的基础上，深入剖析企业政治关联的构建动机，全面分析我国民营中小企业信贷融资约束的形成机理，并重点挖掘其寻求政治关联这一非正式保护机制的内在根源。第5～7章利用深圳交易所321家中小企业板上市公司2007～2012年的面板数据，检验民营中小企业政治关联对信贷融资的影响，并将转轨时期我国民营中小企业信贷融资面临的制度约束融入经验分析之中，检验制度背景与政治关联在信贷融资中的替代效应。第8章基于上述研究结论，为政治关联能否成为一种可以推广的非正式保护机制寻求答案，并从政府和企业两个视角提出相应的决策建议。

　　通过上述研究，本书主要得出以下结论：

　　（1）政治关联是企业的一种非常有价值的资源，扩大经济利益是企业构建政治关联的首要动机。企业构建政治关联的动机包括寻求政治保护、提高政治地位及体现社会责任。民营中小企业在面临融资桎梏背景下构建政治关联，是为了寻求一种非正式的保护机制，帮助其冲破我国资源配置体制性主从次序的束缚，获得稀缺信贷资源的优先占有权。

（2）政治关联可以作为一种信号传递机制，使信贷市场实现斯宾塞—莫里斯分离均衡，为银企交易创造必要条件。同时，利用中小企业板上市公司面板数据的经验分析也较好地验证了理论模型，发现民营中小企业的政治关联对其信贷融资有着显著的正向影响。对信贷融资进行的政治关联异质性检验，表明有政治关联的企业面临较少的融资约束，即在发生信贷业务时对企业规模、抵押价值、盈利能力等存在较低的门槛限制，并且政治关联企业能以相对较低的信贷成本获得较多的信贷资源。政治关联作为保护机制可以帮助民营中小企业获取在信贷市场上无法或很难获取的稀缺资源，对缓解民营中小企业融资困境具有一定的积极作用。

（3）政治关联与制度背景在民营中小企业信贷融资中存在替代效应。基于社会信任度与市场化进程两个制度背景变量的进一步扩展检验，发现不仅制度背景对政治关联及信贷融资有着显著的影响，而且政治关联与制度背景在民营中小企业信贷融资中存在替代效应。对制度背景进行的异质性检验，发现在社会信任度较高、市场化进程较快的地区，民营中小企业面临较少的融资约束，政治关联对信贷融资的正向促进作用并不显著。然而，在社会信任度较低、市场化进程较慢的地区则面临较多的融资约束，并且政治关联对信贷融资的正向促进作用较为显著。因此，政治关联作为一种替代性的机制对信贷融资发挥积极作用的前提条件是存在不健全的制度背景。

本书的研究结论对民营中小企业与政府的行为决策也存在一定的启示作用。对于民营中小企业而言，政治关联固然存在一定的积极作用，但其并非是一种可以普遍推广的保护机制，它从客观上扭曲了企业的行为。对于政府而言，企业构建政治关联是对不健全制度背景的无奈且理性回应，只有加强信用体系建设、不断完善市场机制，才能从根本上弱化企业政治关联的构建诉求，破除民营中小企业融资桎梏。

郭丽婷
2018 年 9 月

目　　录

第 *1* 章

绪　　论

1.1
研究背景与意义

1.1.1　现实背景

中小企业是指与同行业的大型企业相比经营规模、资产规模以及雇用人数等都相对较小的市场参与主体。1958 年，美国经济学家施蒂格勒发表了《规模经济》一文，他在该论文中提出，企业存在一个最优规模，而非规模越大越有效率，这就否认了之前人们普遍认为的大规模优势论，他认为，只有处于最优规模的企业才会在市场竞争中长期的生存下来。因此，如果中小规模的企业满足该最优规模的检验条件，其效率和竞争力可能会高于大型企业。后来，也有许多学者从技术进步、监督成本、消费者偏好等多个方面论证了处于中小规模的企业的优势。20 世纪后半叶，作为第一大经济体的美国经济逐渐滑坡，而亚洲四小龙经济却蓬勃发展。管理学家针对这两种特例进行了深入的分析，发现在经济低迷时，中小型企业更容易适应急剧变化的环境，从此，人们开始关注中小型企业的发展。其实，各国经济发展经验都表明，中小企业的普遍存在是一国经济发展的内在要求，无论是高度发达的经济体，还是相对欠发达的经济体，中小企业都是经济社会中不可或缺的一部分。随着人们对中小企业地位认识的不断深化，其在一国经济持续稳定增长中的重要战略地位也逐步得以体现。

（1）民营中小企业在我国国民经济中的地位日益凸显。

在各个国家，中小企业都是推动经济发展的重要力量。美国经济学家加尔布雷斯（Galbraith，1973）曾在其著作《经济学与公共目标》一书中提出，美国资本主义经济是由两大系统构成的，即集中且有组织的大企业经济和分散的小企业经济，他还在该书中强调了中小企业在美国的地位，认为中小企业在促进美国经济增长和拉动就业方面有着十分重要的作用。在美国，中小企业被称为是"美国新经济的引擎"。据有关资料显示，"美国中小企业占全部企业的99%，雇用了61%的领取失业救济的工人，代表了96%的出口商。"① 美国经济中最具活力的部分是中小企业，美国经济的繁荣与发达离不开中小企业。就目前美国经济低迷的状态下，奥巴马政府对中小企业进行减税和鼓励银行对其进行信贷支持，也充分体现了中小企业的发展是加快经济复苏、缓解就业矛盾的关键。日本20世纪50年代以后的快速发展使得日本形成了一些巨型的垄断企业，但日本政府也积极扶持中小企业的发展，这就形成了巨型垄断企业与中小企业并存的局面。日本的中小企业占国内企业总数的比重较其他国家更高，有"中小企业之国"之称。"在日本，鲜为国人所知的中小企业占99.7%，提供了国内70%以上的就业岗位，创造了55%以上的国内生产总值。"② 日本中小企业的良好发展对日本经济的迅速崛起有着十分关键的作用。

改革开放以后，随着我国社会主义市场经济的不断发展，民营中小企业成为市场经济的真正参与者，广泛分布于国民经济的各个领域。据相关数据显示，"我国民营中小企业目前占所有企业总数的98%以上，截止到2011年底，个人独资企业大概有1100万家，除此之外，在工商局以个体户登记的企业有3600万家，目前的民营中小企业总数将近5000万家。庞大的民营中小企业群体成为我国经济发展的基本推动力，对经济增长的贡献越来越大，其生产总值占国民生产总值的60%以上，对税收的贡献在50%以上，已经成为国民经济和区域经济发展重要的驱动力。"③ 并且，随着工业化和城镇化的不断推进，大批的农村人口流向城市，我国面临着世界上最大规模的人口转移和世界上最

---

① 美中国际合作交流促进会. 美国中小企业概况［EB/OL］. http：//www. usachina. org/case/jz0704. htm，2012 - 3 - 19.

② 中小企业：激活日本经济的源泉［EB/OL］. http：//finance. ifeng. com/roll/20111222/5315435. shtml，2011 - 12 - 22.

③ 马骏. 中小企业占中国企业数量的98%以上［EB/OL］. http：//finance. sina. com. cn/hy/20120426/100211929864. shtml，2012 - 04 - 26.

大的就业压力，就业问题的解决是关系到社会稳定的大问题，能否妥善安置剩余劳动力直接影响到社会的安定团结。由于民营中小企业大多属于劳动密集型企业，可以很好地吸纳我国的剩余劳动力和新增劳动力，不仅如此，近年来民营中小企业也成为吸纳高校毕业生就业的主力军，在很大程度上缓解了我国严峻的就业压力。同时，民营中小企业还是推动我国科技进步的重要源泉。陈乃醒、傅贤治（2007）的《中国中小企业发展报告 2006 ~ 2007 年》中显示：民营中小企业的创新数量是大型企业的 2.5 倍，将科技成果引入市场的速度比大型企业快 27%。由此可见，我国的民营中小企业在促进国民经济增长、增加财政收入、拉动就业以及推动科技进步方面都有着举足轻重的作用。

（2）民营中小企业面临严峻的融资困境。

从社会经济发展的宏观层面看，民营中小企业处于绝对的"强位"，是推动国民经济增长、增加税收、促进就业及推动科技进步的重要动力，但是，其在社会中的"弱势"地位也日益突出且令人担忧。民营中小企业"强位弱势"主要体现为其在促进社会经济发展中的重要地位与其面临的严峻的融资困境极不对称。当然，民营中小企业面临的融资困境并非是我国所特有的，而是一个世界性的普遍现象，无论是发达国家，还是发展中国家，都无一例外地存在中小企业融资困境。虽然各国政府都积极地推出对中小企业融资方面的扶持政策，但其融资缺口却一直存在。

企业的融资渠道可以分为内源融资和外源融资，内源融资是指企业将自身在经营活动中产生的资金再转化为投资，外源融资是指企业通过一定的方式，吸纳除了自身以外的其他经济主体的资金来进行投资。我国的民营中小企业由于自身规模小、经营风险高、抗风险能力差，决定其内源融资不足的特点，即仅靠自身的经营积累很难满足企业的后续发展需要。常见的外源融资包括：银行贷款、民间借贷、发行股票、发行企业债券等。其中，发行股票和发行企业债券的门槛对于我国绝大多数规模小、资信水平低、财务制度不健全的民营中小企业而言遥不可及，虽然目前有专门针对中小企业的二板市场，但实质上只有那些规模较大的高新科技企业能在二板市场上融资。除此之外，民营中小企业的银行贷款融资渠道也并不通畅。我国的金融体系是以国有银行为主体，长期以来，受到资源分配体制性主从次序的影响，商业银行对非国有经济存在信贷歧视，为追求利润最大化和控制风险而实施的"抓大放小"的策略，把信贷投放的重心放在国有大型企业，而对民营中小企业的信贷需求不够重视。另外，我国民营中小企业经营风险高、信息不透明等特点使得银行放贷成本较大型企业高且存在很高的违约风险，银行出于自身利益的考虑也不愿意对其开展信贷业务。金融危机爆发以后，金融机构纷纷加强了风险防范意识，在信贷业务上更加谨慎，这就使得原本就不受银行青睐的民营中小企业的信贷融资渠道更加受阻。在融资市场上处处碰壁的民营中小企业无奈之下只能选择民间借贷，一方面民间借贷可以满足其融资量少、频率高且缺乏抵押担保等特点，相对于正规金融来说较易获得。另一方面，民间金融长期游离于我国的金融监管之外，有很强的隐蔽性和无序性。虽然民间金融可以解一时的燃眉之急，但民间金融的利率要远高于银行利率，很容易使企业陷入高负债经营的旋涡之中。由此可见，民营中小企业面临严峻的融资困境。

（3）民营中小企业非正式保护机制的寻求：政治关联。

对于任何一个经济体而言，政府在市场中都有着十分重要的作用，政府是任何一个市场参与主体所必须考虑的重要的利益相关者。尤其是对于转型时期的经济体来说，市场机制还不完善，政府在很多资源的配置中都起着十分关键的作用。改革开放之后，我国经历了社会主义市场经济体制的探索及确立阶段，已经基本上实现了由计划经济体制向市场经济体制转化，社会、经济发展都取得了许多成就。与此同时，我国仍然存在着市场经济不发达、体制不完善等特点，与西方发达国家相比会存在更多的政府干预。因此，在我国企业面临的众多不确定因素中，最关键的因素是政府而非市场。企业能否与政府建立良好的关系，能否从有利于自身利益的角度影响政府的政策制定，成为企业在激烈的市场竞争中制胜的重要筹码。因为，政治关联本身就是企业的一种无形资产，能够帮助企业在本行业中获得竞争优势，并且在很大程度上弥补自身的劣势，在激烈的市场经济中可以优先获得社会稀缺资源。

随着我国社会主义市场经济的不断完善，民营经济获得了快速发展，民营企业家的政治地位也在不断提高，在政治领域发挥的作用也在日益显著。在我国，越来越多的民营企业家成为人大代表或政协委员，这不仅反映了我国对民营经济的重视，也反映了我国对民营企业家为社会做出巨大贡献的肯定。如最早成为全国政协委员的民营企业家是新希望集团董事长刘永好，以及担任重庆市政协副主席的力帆集团董事长伊明善，还有担任浙江省政协副主席的传化集团董事长徐冠巨等。政治关联能为企业带来诸如税收优惠及政府补贴等方面的好处，此外，政治关联为企业带来的融资便利效应也十分显著。长期以来，我国的民营企业尤其是民营中小企业不受商业银行的青睐，商业银行对民营中小企业常常是"惜贷""慎贷""畏贷"，民营中小企业面临严峻的融资环境。国内外许多学者的研究都表明，民营中小企业信贷融资困境的根本原因是银企之间的信息不对称，而建立政治关联能在很大程度上缓解银企之间的信息不对称，帮助其获得信贷资源。政治关联之所以能够为民营中小企业带来融资便利，主要是因为，政治关联在中小企业信贷融资中充当了信号机制，将建立政治关联的企业为优质企业的信号传递给了商业银行，促成了商业银行对中小企业业务的开展，降低了银企之间因信息不对称而产生的交易成本。同时，虽然在三十余年的改革开放浪潮的助推下，我国已经确立了社会主义市场经济体制，但是市场机制还不健全，具体表现为政府"越位""错位""缺位"现象还时有发生，存在对市场的过多干预、金融市场化程度不高、对私有产权保护程度不够等。在这种市场化制度不健全的背景下，就信贷资源而言，还受到资源配置体制性主从次序的影响，各市场主体获取社会资源的方式难以保证完全通过市场化途径。而构建政治关联就意味着拥有优先获取资源的特权，因此，企业不惜花费时间、金钱等成本去突破企业获取资源的制度性障碍。从这个角度讲，企业构建政治关联实际上是在信息不对称及市场机制不健全的制度背景下，为冲破生存、发展所需资源的约束瓶颈，而寻找非正式制度保护机制的理性选择。

1.1.2 理论背景

中小企业的融资困境由来已久。20 世纪 20～30 年代，资本主义爆发的经济危机使得西方资本主义国家无一幸免地被卷入经济大萧条之中。英国政府面对国内经济的严重衰退，委任麦克米伦爵士（Macmillan）等成立了英国"金融产业委员会"，该委员会负责对英国的金融业和工商业展开调查。1931 年，金融产业委员会经过深入的调查研究，提交了著名的《麦克米伦报告》。报告中明确指出，在英国现有的金融体制下，中小企业面临严重的融资缺口。麦克米伦爵士首次阐述了中小企业在生存发展中的融资困境，后来为了纪念麦克米伦爵士，人们把中小企业面临的融资缺口称为"麦克米伦缺口"（Macmillan Gap）。由此可见，中小企业的融资缺口并非是现代社会或是我国所特有的，其存在由来已久且具有国际上的普遍性。国内外关于企业融资理论的研究积累了丰富的研究成果。不少学者都赞同是银企之间的信息不对称迫使银行作出信贷配给的理性选择而导致中小企业融资缺口的产生的观点（Stiglitz & Weiss，1981；Williamson，1987；Diamond，1989；Mohr，1997）。

近年来，国内外企业构建政治关联的现象极为普遍，也引起了学术界研究政治关联的浓厚兴趣。当然，作为市场中的"理性人"，企业竞相构建政治关联的目的是希望可以通过政治战略来获得生存、发展所需要的各种社会资源。那么，究竟政治关联会对企业产生何种影响？为了探索理论上的未知，不少学者通过实证检验的方法对企业的政治关联展开了研究。例如，政治关联会给企业带来经济利益（Kruege，1974）、会提高企业的价值（Roberts，1990；Fisman，2001；Faccio，2006）、会减少企业的融资成本（Khwaja & Mian，2005；Claessens、Feijen、Laeven，2008）、会获得税收减免（Fisman，2001；Adhikari，2006）等。这些经验分析较好地证实了政治关联对企业产生的影响。

对于我国处于转轨时期的民营企业而言，随着民营经济的不断发展，民营企业家参政议政的积极性不断提高。这种引人注目的现象也引发了国内学者对民营企业构建政治关联的研究。因此，一些学者致力于民营企业构建政治关联的研究。研究发现，政治关联可以帮助企业较为容易地进入金融业（胡旭阳，2006；罗党论、刘璐，2010），可以帮助企业开展多元化经营（蔡地、万迪昉，2009），可以提高企业价值（胡永平、马保华，2010）等。然而，这些研究都是以大型民营企业为研究对象，我国为数众多的中小企业与大型的民营企业存在较大的差距，这些研究结果难以推广至中小企业。对于中小企业而言，融资难是一个世界性的难题，也是中小企业生存、发展的重要桎梏。那么，中小企业构建政治关联是否是为了破解融资约束？与以往文献不同，本书尝试对民营中小企业的政治关联展开研究，以及探讨其对民营中小企业信贷融资的影响。

当然，任何经济问题的研究都离不开制度背景这个"底色"。对民营中小企业政治关联的研究自然也离不开我国转轨时期的制度背景。而现有的文献从制度背景的角度研究政治关联效应发挥得还较少。如果政治关联可以作为民营中小企业的一种非正式的保护机制，那么这种保护机制效应的发挥就离不开我国现有的制度背景。本书在前人的研究基础上，试图以民营中小企业为研究对象，分析政治关联对信贷融资的影响，结合我国转轨时期的制度背景及中小企业信贷融资约束，探讨制度背景是如何影响政治关联保护机制效应的发挥。

1.1.3　研究意义

本书试图在中小企业政治关联的构建动机以及其所面临的融资约束的基础上，探讨政治关联如何作用于我国民营中小企业的信贷融资，并着重分析转型时期我国的相关制度背景在政治关联融资效应发挥方面的作用。具体来说，本书主要是为了探索以下几个问题的答案：

第一，我国民营中小企业构建政治关联有何动机？

企业的政治关联通常被认为是企业的一种有价值的资源，企业致力于建立政治关联是因为政治关联可以为企业带来诸如融资便利、进入管制行业、更好地保护私有产权及获得税收减免、财政补贴等好处。而我国的民营中小企业有着特殊的成长背景，因此，本书弥补已有文献缺少民营中小企业政治关联的研究，着力探讨其构建政治关联动机的特殊性。

第二，政治关联对我国民营中小企业的信贷融资有何影响？

民营中小企业的融资困境被认为是制约其发展的重要瓶颈，而通常情况下，融资便利效应被人们看作是企业建立政治关联最重要的动机之一。本书通过理论模型的构建，分析政治关联信号传递机制在信贷市场中的作用，并用实证分析的方法探讨构建政治关联对民营中小企业的信贷融资是否有显著的促进作用。

第三，制度背景如何影响民营中小企业政治关联融资效应的发挥？

我国的中小企业信贷融资面临着制度性约束，如现有的社会信任状况难以促成银企之间的交易，以及现有的市场化程度不足以保证信贷资源的完全市场化配置等。本书用实证研究的方法试图厘清不同的制度性约束是如何影响中小企业政治关联融资效应的发挥。

第四，政治关联能否成为一种可以推广的非正式的保护机制？

虽然，政治关联可以在一定程度上缓解民营中小企业的融资困境，但是，政治关联能否作为一种可以推广的机制来破解融资约束却是本研究的结论性环节。本书采用实证研究的方法来分析政治关联对制度背景建设的不利影响，并从民营中小企业及政府两个角度分别提出相应的决策建议。

因此，本书立足于我国转轨时期的特殊制度背景来考察政治关联与民营中小企业信贷融资，在现有的企业信贷融资理论与政府管制理论以及寻租理论的基础上进一步丰富政治关联对民营中小企业信贷融资的影响研究。所以，本书的研究意义主要体现在以下几点：

第一，将有助于拓展企业政治关联的理论研究。现有的关于企业政治关联的研究多集中于对大型企业政治关联的研究，而本书将企业政治关联的研究从大型企业向中小企业拓展。在转型时期的我国，由于受到传统的计划经济体制的影响，各级政府对经济的干预力度还较大，企业为了获取资源占有优势，致力于寻找替代性的机制即政治关联来帮助企业在激烈的市场竞争中获得享用资源的优先权。相对于大型企业而言，民营中小企业遭受规模歧视与所有制歧视，在稀缺资源竞争中不具备优势，因此，民营中小企业更倾向于建立政治关联。本书无疑拓展了对企业政治关联的研究。

第二，将有助于深化企业信贷融资的理论研究。本书重点分析了在转型时期我国民营中小企业面临的融资瓶颈，并分析了这种特殊的制度背景对民营中小企业的信贷融资的影响。同时，还提出了政治关联作为一种替代性的机制，在制度背景较为恶劣及社会信任度较差的地区对民营中小企业的信贷融资产生着重要的影响。因此，本书深化了我国特殊背景下民营中小企业信贷融资的研究。

第三，将有助于丰富政治关联对信贷融资影响的理论与实证研究。本书通过手工整理312家民营中小企业2007~2012年所有董事长及总经理的政治背景，建立政治关联数据库，并选取企业其他财务数据，进行实证检验，结果发现，政治关联对信贷融资有着正向的促进作用。并且着重考虑了社会信任度与市场化背景对政治关联信贷融资效应的影响，结果表明，在社会信任度较差的地区，政治关联的信贷融资效应较为明显，在市场化背景较为恶劣的地区，政治关联的信贷融资效应较为明显。并且还发现，政治关联与社会信任度在信贷融资方面起着相互替代的作用，政治关联与市场化背景在信贷融资方面也同样起着相互替代的作用。对于正处于经济体制改革关键时期的我国来讲，该结论无疑是对政府职责的一个生动的注解。

1.2

相关概念界定

本书的主要研究对象是民营中小企业。"民营"是对企业所有制性质的界定，其对应的是"国营"或"官营"，民营企业包括个体、私营、外资等非公有制企业。而中小企业是一个相对的概念，它是指相对于大企业而言，资产规模、经营规模、市场份额、员工人数等都较小的经济单位。同时，它又是一个动态的概念，不同的国家或地区对中小企业的界定不同，同一国家在不同的时期可能对中小企业的界定标准也不相同。至今，对中小企业的界定尚无一个统一的标准，我国《中小企业标准暂行规定》于 2003 年 2 月 19 日发布，该标准是根据 2003 年 1 月 1 日颁布实施的《中华人民共和国中小企业促进法》，并从实际出发，针对不同的行业特点，以职工人数、销售额、资产总额三个指标为依据而进行划分的。具体的划分标准如表 1 - 1 所示。

表 1 - 1　　　　　　　　我国中小企业的划分标准①

行业	职工人数	销售额	资产总额
工业	2000 人以下	30000 万元以下	40000 万元以下
其中中型工业同时满足	300 人及以上	3000 万元及以上	4000 万元及以上
建筑业	3000 人以下	30000 万元以下	40000 万元以下
其中中型企业同时满足	600 人及以上	3000 万元及以上	4000 万元及以上
零售业	500 人以下	15000 万元以下	—
其中中型企业同时满足	100 人及以上	1000 万元及以上	—
批发业	200 人以下	30000 万元以下	—
其中中型企业同时满足	100 人及以上	3000 万元及以上	—
交通运输业	3000 人以下	30000 万元以下	—
其中中型企业同时满足	500 人及以上	3000 万元及以上	—
邮政业	1000 人以下	30000 万元以下	—
其中中型企业同时满足	400 人及以上	3000 万元及以上	—
住宿和餐饮业	800 人以下	15000 万元以下	—
其中中型企业同时满足	400 人及以上	3000 万元及以上	—

按照西方经济学产业划分的标准，有些产业属于"朝阳产业"，是与技术创新和制度创新相联系的产业，有发展的前途；有些产业属于"夕阳产业"，是产业中将被淘汰出局的产业。无疑，同是中小企业，也可能分属于这两类不同的产业。当然，属于朝阳产业的中小企业，政府应该采取扶植的政策，促其发展；而属于"夕阳产业"的中小企业，则不必采取这样的政策，只能让其

———————
①　根据《中小企业标准暂行规定》及相关材料整理而得。

在市场竞争中自求生路，或任其"自生自灭"。需要进一步指出的是，本书研究的民营中小企业是指所谓的"朝阳产业"，该类企业的发展壮大对推动我国经济发展有着十分重要的作用，其发展、融资问题也是学术界和政府所一直关注的热点问题。而那些"夕阳产业"中的民营中小企业并非是本书的研究对象。

关于政治关联的界定，学术界尚未有统一的标准。政治关联的定义随着国家制度和社会文化背景的不同而变动。西方国家有学者将企业高管是否曾在政府部门工作过作为区分企业是否具有政治关联的标准（Betrand，2004）。还有学者将企业的高管或股东与国会议员或其他政府官员及政党有密切联系认为是有政治关联（Faccio，2006）。还有学者将政治关联界定为企业高管与国家领导人具有家族关系（Fisman，2001）。显然，这些界定方法不适用于中国。在我国，企业家可以通过当选人大代表或政协委员来参政议政，企业也可以聘请曾经有政府机关工作背景的官员到企业担任要职，或者可以通过一些隐性关系与政府官员建立某种联系。但是在本研究中，企业的政治关联仅仅考虑了显性的政治关联，即企业高管通过人大代表、政协委员等途径参政议政而获得的政治身份，而不考虑企业高管与政府官员之间具有其他的亲密关系，如亲戚、朋友、同学等隐性的政治关联。由于隐性的政治关联数据在实际搜集中不易获得，且缺乏一定的可靠性，因此本书的研究仅考虑显性的政治关联。

1.3

国内外文献综述

1.3.1 关于企业政治关联的文献综述

（1）国外关于政治关联的研究。

国外关于企业政治关联的研究，主要集中于对政治关联的界定以及企业建立政治关联的动机方面。

克鲁格（Krueger，1974）展开了企业家与政府官员之间建立关系会给企业带来何种利益的研究，该研究开创了学术界对企业政治关联研究的先河，他认为，企业家不惜花费时间和金钱来争取与政府官员建立关系，是因为该种关系能够为企业带来更大的经济利益，而带来的经济利益远超出建立关系而付出的成本。政治关联通常情况下被认为是一种非常重要的企业资源，对企业的发展有着十分重要的作用（Getz，1997；Hillman & Hitt，1999；Hillman，Keim & Schuler，2004）。作为一个新兴的研究领域，国内外学术界尚没有对政治关联提出一个统一的、具体的、明确的定义。"关联"一词在汉语中的意思是事物相互之间发生的牵连或联系，企业政治关联就指的是企业与政府之间产生的某种联系或牵连。政治关联往往被认为是一种非正式的制度，在现代社会中特指企业领导人与政府、政府官员或政治团体之间的接触程度。最早提出企业政治关联的学者是菲斯曼（Fisman，2001），在他对与印度尼西亚总统有关联的企业的研究中，首次提出了政治关联的概念，他认为，与总统有关联的企业为政治关联企业。当然，对于不同政治体制的国家，企业的政治关联有着不同的表现形式。约翰逊（Johnson）和米顿（Mitton）在 2003 年的研究中，将董事长或高管与国家首相、副首相、财长等有关联的企业称为是有政治关联的企业。伯特兰（Bertrand）、克拉马日（Kramarz）、斯格勒（Schoar）将法国企业中那些企业 CEO 是否毕业于精英学校，或者是否担任政府官员来作为区分企业是否具有政治关联的标准。法西欧（Faccio）[①] 在 2006 年的研究中，认为与政府的参议员有利益关系的企业即为政治关联企业。在对德国的研究中，佛古森和沃斯（Ferguson & Voth，2008）[②] 将企业的董事长或总经理与国家的执政党有关联的企业称为是政治关联企业。

企业积极地构建政治关联，是因为政治关联可以为企业带来一定的利益。其中，最重要的一个好处是政治关联可以提高公司的价值。最早研究政治关联对企业价值影响的学者是罗伯茨（Roberts），他在 1990 年发现美国的参议员亨利·杰克逊（Henry Jackson）的突然死亡引起了与其关系密切的几家公司的股价下跌，而与下任议员相关联的企业的股价却上升了。这一事件表明，政治关联对企业价值的影响是客观存在的。菲斯曼（Fisman）[③] 于 2001 年通过研究印度尼西亚总统苏哈托有关联的 79 家企业的市场价值与苏哈托的健康状况

① Faccio M. Politically Connected Firms ［J］. The American economic review，2006，96（1）：369 – 386.

② Ferguson T.，Voth H. J. Betting on Hitler—The Value of Political Connections in Nazi Germany ［J］. The Quarterly Journal of Economics，2008，123（1）：101 –137.

③ Fisman，R. Estimating the Value of Polical Connections ［J］. American Economic Review，2001，91（4）：1095 –1102.

之间的关系来证明政治关联对企业价值的影响，他的研究表明，当有总统健康状况恶化传闻时，与其关联程度越高的企业，价值下降得越快，而政治关联程度不高的企业，价值下降并不明显。这就说明，政治关联对企业价值的影响确实存在。法西欧（Faccio，2006）以 47 个国家的 2 万多家企业的经验数据为样本进行实证研究，结果发现，当企业家取得政治地位的时候，该公司的股价会得到显著的上升。也有学者认为，企业建立政治关联主要是受到了制度环境的影响，由于制度环境的不健全，企业不得不通过构建政治关联来克服制度的欠缺，从而可以较其他企业更为优先地获得发展所需要的各种经济资源（Bartels & Brady，2003）。

许多研究表明，政治关联的建立有助于企业获得稀缺的社会资源，而对于企业来说信贷资源成为其生存、发展中最重要的资源之一。许多学者展开了企业政治关联与企业信贷融资之间的关系的研究。科瓦加（Khwaja）和米安（Mian）于 2005 年对 1996～2002 年巴基斯坦 9 万多家企业的实证研究表明，构建政治关联的企业可以享用更多的信贷资源，同时，其所承担的融资成本也较低。并且，政治关联的这种融资成本效应在信贷资源受政府干预越强的地区表现得越明显。还有学者研究发现，有政治关联的企业可以更加容易地获得银行的长期贷款，因为在银企之间的借贷业务中，政治关联通常被认为是一种无形的担保物，因此更容易获得成本较低的长期贷款（Charumilind et al.，2006）。克拉艾森斯（Claessens）、菲杰恩（Feijen）和拉埃文（Laeven）在2008 年的研究表明，在 1998～2002 年巴西经历选举之后，与新任政府官员有关联的企业能够更容易地获得银行的信贷资源。但是研究也表明，有政治关联企业获得的银行信贷资源利用并不十分有效率。还有学者认为，政治关联为企业带来的融资便利会在很大程度上促使企业进行高杠杆经营，也就是说，建立政治关联的企业更倾向于选择较高的负债比率，因为在同等程度的遭遇财务危机时，有政治关联的企业总能优先得到政府的救助（Faccio，2007）。其次，政治关联还会影响企业的融资方式，有政治关联的企业更倾向于进行国内融资。莱尤兹和奥伯霍尔泽－吉（Leuz & Oberholzer－Gee，2006）对印度尼西亚的企业的融资偏好进行了分析，发现有政治关联的企业具有国内融资的偏好，而无政治关联的企业有国外融资的偏好。这些学者的研究都表明，政治关联在很大程度上影响着企业的融资活动。

政治关联还在很大程度上影响着企业的经营业绩。例如，建立政治关联的企业更容易进入政府管制的行业中，政府管制行业中的企业在该行业中形成垄断势力并获得垄断利润。并且，建立政治关联的企业能够较为快速地获取政府政策导向，或者可以在某种程度上引导政策的制定，通过有利的政策来保证企业获得较好的经营业绩（Agrawal & Knoeber，2001）。因此，政治关联可以作为一种保护机制来提高企业的竞争力。同时，政治关联对企业业绩的影响还体现在税收减免政策上，菲斯曼（Fisman）在 2001 年的研究表明，在苏哈托总统在任期间，与其有密切联系的企业可以获得税收减免（如其儿子经营的企业），这在很大程度上降低了该类企业的经营成本，提高了企业的经营业绩。有学者通过对马来西亚的企业进行实证检验，发现企业的政治关联与企业的实际税率之间存在着负相关的关系，即政治关联强度越大的企业，实际税率越低，这就说明了政治关联强度越大，企业获得税收减免就越多（Adhikari，2006）。这些研究都表明，政治关联对企业的经营业绩有着正向的影响。

（2）国内关于政治关联的研究。

由于政治体制及制度背景的不同，国内学者关于政治关联的界定与国外学者并不相同。杜兴强、郭剑花和雷宇（2010）的研究中将政治关联的构建途径分为两种，即通过政府官员或人大代表、政协委员来建立。前者的途径主要有曾在政府部门任职过的政府官员直接经商或是退休后被企业聘用，或是政府官员直接由政府派任管理企业。后者的途径主要有企业的管理层通过选举的形式进入人大、政协，或是人大代表、政协委员被邀请到企业任职。还有学者将企业的股东或是董事会成员是否是选举委员会的成员作为区分企业是否具有政治关联的标志（Wong，2010）。胡旭阳（2006）在对浙江民营百强企业进入金融行业的可能性的研究中，将企业创始人是否当选为各级人大代表或政协委员作为企业确立政治关联的依据，并且将政治关联按照人大代表、政协委员的不同等级进行强度的区分。蔡地、万迪昉（2009）在研究政治关联对企业多元化经营之间的关系时，将企业的政治关联定义为企业的董事长、总经理在政府部门曾经任职，或是曾经是人大代表、政协委员。胡永平、马保华（2010）认为，在我国，企业建立政治关联有两种途径，第一种途径是政府官员辞职从商，第二种途径是民营企业创始人通过获选人大代表、政协委员，或者是通过商会组织等获取政治关联。罗党论、甄丽明（2008）的研究将政治关联企业定义为企业的终极控制人是人大代表、政协委员或是曾经是政府官员。张敦力、李四海（2012）对社会信任、政治关联及民营企业银行贷款之间的关系展开了实证研究，该研究中将企业的政治关联的内涵不仅定义为企业的创始人曾是政府官员，或是人大代表、政协委员，同时，还将政治关联的内涵进行了拓展，将企业高管具有银行等金融机构任职背景也作为政治关联企业。于蔚、汪淼军和金祥荣（2012）对政治关联与融资约束的实证研究中，将政治关联定义为企业核心高管（董事长或总经理）曾在党政机关、军队任职或是曾任人大代表或政协委员。

国内也有许多学者展开了企业政治关联对企业影响方面的研究。胡旭阳（2006）以浙江省民营百强企业作为样本进行研究，发现与无政治关联的企业相比，有政治关联的企业在进入金融业时遭遇更少的瓶颈约束。在信贷市场上，政治关联实际作为一种优质企业的信号，而这种信号可以在很大程度上削弱金融行业的进入壁垒。蔡地、万迪昉（2009）的研究表明，政治关联实际上是市场失灵情况下政府干预的一种产物，它可以帮助企业进行多元化的扩张，而正是这种利益在迫使着企业积极地构建政治关联。胡永平、马保华（2010）的研究表明，在转轨时期的中国，民营企业积极地建立政治关联是一种无奈的举措，因为政治关联可以帮助企业解决一些通过正规制度不能解决的问题，有利于提高企业的价值。罗党论、刘璐（2010）以2005～2009年的民营上市公司为样本，实证结果表明，有政治关联的企业可以获得更多的信贷融资，并且银行对该类企业抵押品、盈利方面的要求会有所降低。在信贷融资中，政治关联其实作为了一种替代性的外部履约机制，可以在很大程度上缓解企业面临的融资瓶颈约束。张兆国、曾牧和刘永丽（2011）的研究发现，与没有政治关联的企业相比，有政治关联的企业能够以更低的成本获得银行贷款。张敦力、李四海（2012）从社会信任和政治关联两个维度来探讨民营企业的银行贷款问题，认为民营中小企业在面对政策上及制度上的双重歧视时，政治关联可以作为一种非正式的保护机制帮助民营企业冲破歧视，获得银行贷款资源。潘越、戴亦一和李财喜（2009）通过对ST上市公司经验数据的实证检验，结果表明，政治关联与财务困境企业获得政府补助之间有着显著的影响，这种显著的影响只反映在民营企业中，对于国有企业的影响并不显著。罗党论、魏翥（2012）的研究表明，有政治关联的企业更倾向于采取避税行为，并且避税行为有着提高企业价值的作用。罗党论、刘晓龙（2009）的研究表明，政治关联可以帮助民营企业进入政府管制行业，提高企业经济效益。并且实证结果还表明，政治关联越强的企业，越容易进入高壁垒行业。

也有学者的研究从企业面临的制度背景方面来考虑企业的政治关联。罗党论、甄丽明（2008）通过民营上市公司 2002～2005 年的经验数据对企业政治关联与融资进行实证分析，结果发现，有政治关联的企业面临相对较少的融资约束。并且加入金融发展水平的制度因素考虑，发现在金融发展水平越低的地区，政治关联产生的融资效应越明显。余明桂、潘红波（2008）的实证研究表明，政治关联可以帮助企业获得更多且期限更长的信贷资源，并且政治关联的这种效应在金融制度落后的地区表现得更加明显。何镜清等人（2013）以 2006～2010 年民营上市公司为样本进行实证分析，得出了与余明桂、潘红波（2008）相似的结论，同时实证结果还表明，政治关联的强度与企业在金融危机中的贷款效应呈显著的正相关，即政治关联强度越高的民营企业，在金融危机中政治关联的贷款效应越强。于蔚、汪淼军和金祥荣（2012）的实证研究表明，政治关联可以在很大程度上帮助民营企业增加自身获取资源的能力，尤其是获得信贷资源的能力。与政治关联信号传递的信息效应相比，资源效应占据主导地位。

1.3.2　关于民营中小企业信贷融资的文献综述

（1）国外研究综述。

中小企业的融资问题是一个世界性的难题，并且一直都是学术界讨论的热点问题。美国斯坦福大学经济系教授罗纳德·麦金农（Ronald Mckinnon）和爱德华·肖（Edward Shaw）是世界上最早分析金融抑制对经济发展阻碍作用的经济学家，也是当代金融发展理论的奠基人。1973 年，麦金农出版的《经济发展中的货币与资本》以及肖出版的《经济发展中的金融深化》，研究发展中国家金融发展与经济增长之间的关系，提出了著名的"金融抑制"论断，得出了经济发展的重要前提是金融自由，以及金融抑制严重阻碍经济发展的结论。而发展中国家市场机制发育不健全、金融市场化程度较低，这在一定程度上抑制着微观市场主体及整个国民经济的发展。在麦金农和肖看来，要实现国民经济的增长，就需要建立竞争有序且高度发达的金融体系，鼓励银行业之间的竞争、增加向中小企业的贷款。

关于中小企业信贷融资的研究是从现代资本结构研究开始的。莫迪利亚尼（Modigliani）和米勒（Miller）展开了对企业资本结构与企业价值方面的研究，并于 1958 年在《美国经济评论》上发表了《资本成本、公司财务与投资理论》一文，在学术界引起了巨大的反响。经过一系列严密的假定，他们得出了企业的资本结构与企业价值之间是无关的结论。后来学术界把这一定理称作 MM 定理。MM 定理关于无税、无交易成本等假设条件遭到了许多学者的质疑，1963 年，莫迪利亚尼和米勒对 MM 定理做了修正，将企业税加入模型中重新进行分析，得出了与无税模型不同的结论：企业负债的利息可以在税前扣除，能够起到抵税的作用而增加企业的价值，因此，企业会更偏好于债务融资。罗比切克（Robichek，1967）、梅耶斯（Mayers，1984）、考斯（Kraus，1973）、鲁宾斯坦（Rubinmstein，1973）、斯科特（Scott，1976）等学者在 MM 定理的研究基础上，重新对模型进行修正，产生了在企业融资的资本结构理论中处于重要地位的权衡理论。即随着企业财务杠杆不断提高，负债带来税盾效应的同时，也增加了企业的经营风险、陷入财务困境甚至破产的概率以及相关成本，而这些成本会导致企业价值的下降。20 世纪 70 ~ 80 年代，随着信息经济学的兴起，一些学者开始从信息不对称的角度来分析企业融资问题。1984 年，斯图尔特·梅耶斯（Stewar C. Myers）和尼古拉斯·迈吉卢夫（NiCholas Majluf）在 MM 定理、权衡理论等理论的基础上继续研究企业资本结构问题，提出了优序融资理论（Pecking Order Hypothesis）。他们认为，在面临融资决策时，企业会选择交易成本为零的内源融资，若内源融资无法弥补资金缺口，再选择交易成本相对较低的债务融资，最后才会选择面临较多信息约束、存在企业价值被低估且交易成本较高的股权融资。韦斯顿和布里格姆（Weston & Brigham）在 20 世纪 70 年代提出了企业金融成长周期理论，该理论主要研究企业融资方式是如何随着企业成长阶段的不同而变化的。后来，伯杰和尤德尔（Berger & Udell，1998）对早期的金融成长周期理论做了修订，得出了企业在成长过程中融资结构变化的一般规律，即：企业在创立初期，资金规模小、财务制度健全，很难进行外源融资，此时的资金只能来源于创业者的自有资金；随着企业规模的不断扩大，可用于抵押的资产数量不断增加，同时财务制度趋于健全，企业向金融机构借款；当企业发展日益成熟时，逐渐达到了公开市场发行证券的门槛要求，就可以在股票市场上进行融资。

还有学者从中小企业融资困境形成机理方面进行研究。其中，最具影响力的是信贷配给方面的研究。该理论主要观点是信贷市场上的信息不对称，使银行无法有效甄别企业的风险类型而采取信贷配给，信贷配给在很大程度上造成了企业的融资困境。20世纪60年代以后，越来越多的学者将信息不对称理论应用到企业融资的信贷市场研究中，为企业融资理论的研究提供了新的契机。最早将信息不对称理论运用到信贷市场的分析中的经济学家是杰斐（Jaffee）和拉塞尔（Russell），他们用信息不对称产生的道德风险和逆向选择来分析信贷市场上的信贷配给，并构建模型详细讨论了信贷市场中的道德风险问题。斯蒂格利茨与韦兹（Joseph E. Stiglitz & Andrew Weiss）在杰斐和拉塞尔研究的基础上，进一步研究信息不对称下的信贷配给现象，在1981年《美国经济评论》上发表了《不完全信息市场中的信贷配给》一文，文中全面系统地分析了信贷市场上的信贷配给现象，认为信息不对称导致的逆向选择和道德风险是产生信贷配给的基本原因，并且还提出了著名的S-W模型，认为信贷配给是市场主体理性选择下的长期稳定均衡。威廉姆森（Williamson，1987）进一步放松了S-W模型的假设条件，不考虑信息不对称导致的事前逆向选择，而是强调事后道德风险对信贷配给的影响。他认为，事后监督成本是信贷配给产生的主要原因，在他看来，即使没有事前的逆向选择，事后的监督成本也可以导致信贷配给的产生，并且因信贷配给而无法得到贷款的是那些让银行承受更高监督成本的借款者。施密特莫尔（Schmidt-Mohr，1997）在前人研究的基础上进一步分析了信息不对称下的信贷配给现象。他认为，当借款者属于风险规避者时，贷款额可以成为借款者风险类别的甄别机制，并分别研究了竞争市场与垄断市场在完全信息情况下与非完全信息情况下的信贷配给。莫尔主要的创新之处是把贷款额作为内生变量加入模型之中，但是这与银行的实际情况却是不相符的，银行甄别借款者投资项目的风险类型需要付出审查成本，未必能简单地通过贷款额度来分离借款者。

随着信贷配给是不完全信息下的一种长期均衡的观点广泛地被人们所接受，许多学者开始研究如何才能消除信贷市场上的信息不对称、减少信贷配给以及企业融资困境的产生。戴蒙德（Diamond，1989）通过建立不对称信息条件下的企业博弈模型来研究声誉机制在信贷配给中的重要作用，发现声誉机制可以在一定程度上减少信贷市场上的信息不对称，有效地甄别借款者的风险类型，从而避免信贷配给现象的产生。塞萨尔马蒂内利（Cesar Maitinelli，1997）在戴蒙德的基础上进一步研究了信贷市场上的声誉机制的重要性。他认为，银行往往给没有信用记录的借款者制定较高的利率水平，并且还会对其进行信贷量的限制。而随着借贷交易次数的增多，借款者累计信用额度的增加，银行会对其提供更为优惠的利率条件以及给予更高的贷款额度，从而借款者的信贷配给会逐渐甚至完全得到消除。伯格和尤德尔（Allen Berger & Gregory Udell，1995）主要研究了中小企业融资与关系型借贷的关系，研究表明，中小企业可以通过与银行建立长期的良好关系来增加获得信贷的可能性，同时，良好的银企关系还可以降低贷款利率，减少借贷发生时的抵押品。伯格和尤德尔（2002）还提出银行贷款可以分为两类：交易型借贷和关系型借贷。交易型借贷是指银行主要通过企业的财务报表、信用评级及所提供的抵押品等"硬信息"，依靠严格的借贷程序来发放贷款。而关系型借贷则是依靠银企之间长期互动所积累的"软信息"来实现信贷交易，这些"软信息"不容易在短期内被证实和传递，包括企业管理者的人品、素质、能力、声誉、财富等状况。同时，还发现小银行比大银行在提供中小企业资金方面更具有优势，即具有"小银行优势"。这些都成为后来研究中小企业融资问题的理论基础。

（2）国内研究综述。

国内关于中小企业融资方面的研究主要集中于对中小企业存在融资约束的成因及破解融资约束的对策研究。

在对中小企业融资困境形成原因的研究中，有些学者认为，其中重要的原因是中小企业自身的原因。杨思群教授（1999）提出，中小企业存在的融资缺口主要体现在其存在较大的外源融资缺口，而外源融资缺口形成的主要原因是中小企业自身经营风险大、倒闭率高，较难吸引到外部投资。同时，又存在财务制度不健全、透明性差且缺乏传播信息的渠道，导致外源性的资本金不愿意投资于中小企业。由于我国大部分中小企业缺乏信用评级、缺乏抵押担保，使企业无法得到银行等金融机构的信任，很难获得银行的信贷支持；并且自身素质较差，存在产权不清、管理落后、技术水平较低、投资风险较大等特点，基本不可能通过发行债券及上市进行融资（陈宏辉、贾生华，2001）。徐洪水（2001）认为，中小企业存在刚性融资缺口，其中一个重要的原因是中小企业群体信用的缺失，由于中小企业往往寿命较短，信用观念比较淡薄，存在严重的逃废银行债务的情况，并且财务管理水平整体不高，虚假、失真的财务信息使广大投资者及银行望而却步。中小企业的这些特征会增加银企之间的交易成本，中小企业的融资渠道在很大程度上受阻。张捷（2002）通过中美中小企业的融资结构的比较，发现我国的中小企业由于规模小、制度不健全、信息不透明等特点，在现实经济生活中遭受"规模歧视"和"所有制歧视"，严重制约了中小企业融资。郭田勇（2003）认为，从经济学角度来讲，中小企业融资存在困境的主要原因是交易成本高与信息不对称，同时，中小企业自身经营风险大、难以提供足额的抵押担保，所以在面临银行的信贷筛选中处于劣势地位。林毅夫、孙希芳（2005）认为，中小企业的融资难主要是因为其难以有效克服信息不对称而导致的逆向选择和道德风险，由于其信息不透明、又无法提供充分的抵押品，难以提供正规金融所必需的"硬信息"。

也有学者认为，我国外部金融生态环境是中小企业融资困境的主要成因。王霄、张捷（2003）提出，中小企业面临融资困境一方面是由旧的金融体制下金融机构的治理结构造成的，另一方面是由市场经济条件下不完善的信贷市场中存在的固有的借贷矛盾产生的。林毅夫、李永军（2001）提出，我国的金融体系是以国有大银行为主，而国有大型银行天生是为国有大型企业服务的，并不适合为中小企业服务，这在很大程度上造成了我国中小企业的融资困境。而正是由于这种规模不匹配与我国中小金融机构的不健全使得中小企业很难从大型商业银行获得信贷支持。李大武（2001）分别从企业、银行和政府三个层面来分析中小企业面临融资困境的原因，他认为，除了企业自身经营风险大、信息不透明、缺乏竞争力、融资交易成本高等特点制约着中小企业融资以外，还有来自银行和政府的原因，银行对非公有制经济认识上的偏差、落后的管理体制以及不合理的信贷政策与利率结构使得其对中小企业服务的力度十分有限，而政府方面没有为中小企业创造良好的融资环境，如：中小企业融资法律法规不健全、缺乏提供融资服务的专门机构、信用担保制度和抵押担保制度的缺失等。王朝弟（2003）提出，目前我国中小企业融资困境与当前国内较差的中小企业融资服务水平是分不开的，商业银行服务于中小企业存在诸多的障碍和误区，金融体制改革加剧了对中小企业的政策歧视，偏紧的货币政策及较差的社会信用环境进一步加重其融资困境。

关于如何破解中小企业融资瓶颈方面的研究，最主要的观点是打破银企之间的信息不对称以及建立关系型借贷。

贺力平（1999）提出，要解决中小企业贷款难的问题，首先是要解决中小企业与贷款者之间的信息不对称，同时，还要大力发展民营中小金融机构，推动国有商业银行进行改革创新，更好地服务于中小企业。徐洪水（2001）认为，改善中小企业的融资困境的关键是降低银企交易费用，因为中小企业与银行之间的交易并非是一次性的，而是一个动态博弈的过程，要降低银企交易费用就需要尽快建设征信体系；同时，加强银企之间的合作，提高中小企业的信用度；还要积极推进抵押担保制度的创新，强化中小企业的金融支持系统。曹凤岐（2001）提出，要想破解中小企业面临的融资梗阻，就必须建立完善的中小企业信用担保制度，通过借鉴日本和韩国的担保制度，提出了对中小企业信用担保制度建设的政策建议。毛晋生（2002）认为，由于中小企业存在较高的经营风险与较低的市场抗风险能力，因此，强化中小企业的融资机能，有效地规避融资风险，才是疏通中小企业融资渠道的关键，这就需要政府政策支持、健全中小企业的信用管理体系，同时还要完善银行信贷融资渠道。纪琼骁（2005）认为，中小企业融资存在"麦克米伦缺口"，而"麦克米伦缺口"的实质是市场失灵。从经济学的角度来讲，市场失灵就需要政府干预的方式来解决，他认为，政策性金融是解决中小企业麦克米伦缺口的有效途径。杨胜刚、胡海波（2006）也提出，造成中小企业融资困境的主要原因是银企之间的信息不对称，而完善的信用担保制度是改善银企之间信息不对称的关键所在。

张捷（2002）重点分析了银行与企业之间的关系型借贷在缓解中小企业融资困境中的作用，通过理论模型的建立与分析，最终证明了小银行在关系型借贷中具有巨大的优势，提出建立民营中小企业银行为主体的中小金融机构体系，才能从根源上解决我国中小企业的融资困境。钟田丽、高源（2006）提出，银企之间的"关系"是决定中小企业能否获得贷款的关键，这种"关系"是中小企业与银行在考虑自身利益下的互利行为，它需要通过长期的银企交易来取得银行的信任。关系型借贷在解决银企之间信息不对称、破解中小企业融资梗阻、实现银行资金的有效配置方面起着重要的作用。郭田勇、李贤文（2006）研究发现，中小企业与大企业相比，存在融资困境的重要原因是在发生借贷关系时无法满足银行对"硬信息"的考察，所以中小企业与银行建立良好的长期关系，培育银企交易时的"软信息"是破解融资困境的一个有效途径。孙亚云（2008）通过建立博弈模型，证明传统的银企交易型信贷在信息不对称的情况下是无效率的，而关系型借贷能在很大程度上缓解中小企业的融资困境。他认为，关系型借贷所必需的"软信息"将更加注重双方的共同利益与长期合作，所以充分发挥关系型借贷在中小企业融资中的作用可以很好地缓解其融资瓶颈约束。当然，创造关系型借贷发展的良好外部环境也尤为重要，例如促进中小银行的发展、引导中小企业注重自身信誉、鼓励商业银行发展中小企业客户、培育良好的金融市场环境等。周梅（2012）通过实证分析发现，关系型借贷没有带来较高的信贷违约风险，建立良好的银企关系可以帮助中小企业获得银行的信贷支持，使银行和企业同时获利。

1.4

研究方法与结构安排

1.4.1 研究方法

第一，规范研究与实证研究相结合。本书的规范研究主要体现在以企业融资理论、政府管制理论、寻租理论等为基础，深刻分析中国处于转轨时期的制度背景及民营中小企业发展现状，推理分析民营中小企业建立政治关联对信贷融资的影响，及扩展分析制度背景对政治关联融资效应的影响。规范分析主要强调以一定的价值判断为基础，回答"应该是什么"的问题，其结论具有一定的主观性，且其结果需要加以事实验证。因此，本书通过对 2007～2012 年深圳交易所上市的民营中小企业为样本，对本书提出的推断性结论进行实证检验，印证本书规范分析的准确性。

第二，定性分析与定量分析相结合。本书对企业建立政治关联及其对信贷融资的影响既有定性方面的分析，也有定量方面的分析。定性方面的分析主要体现在对企业构建政治关联的动机、民营中小企业信贷融资的现状等方面来推断政治关联对民营中小企业信贷融资方面的影响。而定量方面的分析主要体现在对民营中小企业上市公司财务数据的搜集、手工整理 312 家企业高管政治关联情况，检验模型的建立及借助于 Stata12.0 统计软件的分析，科学地检验政治关联对民营中小企业信贷融资的影响。

1.4.2 结 构 安 排

本书由绪论与文章主体构成，共 8 章。基本内容如下：

第 1 章为绪论。是对本书主要内容的一个简要概括，本章内容主要包括研究背景与意义、相关概念界定、国内外文献综述、研究的创新与不足、研究创新与不足等。

第 2 章为相关理论基础。本章主要介绍了企业融资理论、政府管制基础以及寻租理论，为后续研究我国中小企业政治关联对信贷融资的影响提供理论依据。

第 3 章为企业政治关联的构建动机。本章从关系型社会及利益相关者的视角来分析企业政治关联的形成，进一步探讨了民营企业政治关联的特殊性，提出企业构建政治关联可能存在的动机。

第 4 章为民营中小企业信贷融资约束及政治关联的寻求。本章首先介绍了我国民营中小企业的"强位弱势"的现状；其次着重介绍了我国中小企业面临的"麦克米伦缺口"以及所面临融资桎梏下的制度掣肘；最后分析了我国民营中小企业构建政治关联是为了寻求一种非正式的保护机制，是其面临严峻融资约束环境的一种无奈且理性的选择。

第 5 章为民营中小企业政治关联对信贷融资影响的实证检验。本章通过借鉴斯宾塞劳动力市场模型构建信贷市场信号传递模型，从理论模型的角度考察政治关联信号传递机制的发挥。并且以深圳交易所中小企业板上市公司为样本，手工整理 312 家企业高管（董事长及总经理）2007 ~ 2012 年的政治背景，建立政治关联数据库，并搜集企业的相关财务数据，建立面板模型检验政治关联充当信号传递机制对民营中小企业信贷融资的影响。

第 6 章是基于社会信任对民营中小企业政治关联融资效应的再检验。以前面政治关联对信贷融资的影响分析为基础，本章选取社会信任作为制度背景变量进行扩展检验。首先对社会信任异质性与信贷融资约束进行实证检验，其次对社会信任对政治关联融资效应的发挥进行检验，最后对社会信任与政治关联在信贷融资中的替代效应进行了检验。

第 7 章是基于市场化进程对民营中小企业政治关联融资效应的再检验。本章选取市场化进程作为制度背景变量进行扩展检验。首先分析了市场化进程异质性与信贷融资约束进行实证检验，其次对市场化进程对政治关联融资效应的发挥进行检验，最后对市场化进程与政治关联在信贷融资中的替代效应进行了检验。

第 8 章是研究结论与启示。是对本书研究结果的总结与归纳，从民营中小企业和政府两个角度提出了相关的决策建议。

全书技术路线如图 1 – 1 所示。

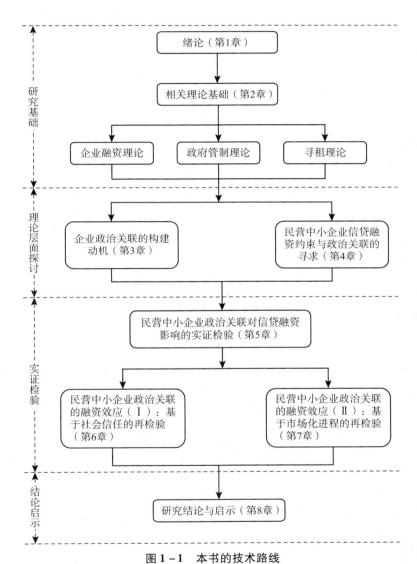

研究基础

理论层面探讨

实证检验

结论启示

绪论（第1章）

相关理论基础（第2章）

企业融资理论　　政府管制理论　　寻租理论

企业政治关联的构建动机（第3章）

民营中小企业信贷融资约束与政治关联的寻求（第4章）

民营中小企业政治关联对信贷融资影响的实证检验（第5章）

民营中小企业政治关联的融资效应（Ⅰ）：基于社会信任的再检验（第6章）

民营中小企业政治关联的融资效应（Ⅱ）：基于市场化进程的再检验（第7章）

研究结论与启示（第8章）

图 1 - 1　本书的技术路线

1.5

研究的创新与不足

1.5.1 研究的创新点

第一，关于研究对象方面。国内外关于企业政治关联方面的研究起步较晚，尤其是国内关于企业政治关联的研究还处于起步阶段，且现有文献多将民营大型企业作为研究对象，目前，鲜有文献对民营中小企业政治关联的构建进行深入探究。由于我国为数众多的民营中小企业一直处于资源配置体制性主从次序的最底端，相对于国有企业及大型民营企业而言，面临更为严峻的融资约束及制度约束。如果政治关联可以作为一种非正式的保护机制，则民营中小企业构建政治关联以冲破发展桎梏的愿望将更加迫切。并且，目前民营中小企业构建政治关联的现象也确实较为普遍。因此，本书认为，将研究对象设定为民营中小企业的政治关联，将在一定程度上填补现有文献缺乏对民营中小企业政治关联及政治关联效应研究的空白，研究结论也将更具推广性且更具理论价值。

第二，关于研究视角方面。本书并没有沿用政治关联的现有文献研究政府究竟是"扶持之手"还是"掠夺之手"的经典分析视角，而是将研究关注的重点从"政治关联对企业有何影响"拓展至"制度背景如何影响政治关联效应的发挥，政治关联对现有制度是否具有侵害作用"，将问题从微观主体构建政治关联的内生反应层面引向制度背景宏观层面的分析。因此，本书以民营中小企业信贷融资约束下非正式保护机制的寻求为切入点，从理论及实证的双重逻辑上论证政治关联的融资效应，并且融入我国转轨时期的制度背景对政治关联的融资效应进行扩展性的检验。因此，本研究不仅有助于我们更加深刻地认识民营中小企业的信贷融资困境，而且对我国深化经济体制改革需要重点突破的制度瓶颈，也是一个很好的注解。

第三，关于研究内容方面。本书借鉴斯宾塞劳动力市场模型构建信贷市场信号传递模型，通过分析信贷市场能否实现斯宾塞－莫里斯均衡来考察政治关联信号传递机制的发挥。本书所构建的理论模型成功地刻画了银行可以通过政治关联这一企业特征将优质企业与劣质企业进行分离的情形，并通过模型推导将政治关联与银行对企业的预期价值直接联系起来，为政治关联对信贷融资影响的经验分析提供理论依据。同时，充分参考我国转轨时期的制度背景，选取社会信任及市场化进程作为制度背景的替代变量，考察制度背景与政治关联在民营中小企业信贷融资中的交互影响。实证结论丰富了现有制度背景、政治关联对信贷融资影响的认识，有助于我们理解政治关联作为一种替代性的保护机制，其实质是企业对我国现有制度安排缺陷的无奈且理性的回应。

1.5.2　研究的局限性

本书的局限性可能体现在以下几个方面：

第一，本书的研究中"政治关联"的内涵可能不够全面。在本书中，政治关联仅仅考虑了显性的政治关联，即企业高管通过人大代表、政协委员等途径参政议政而获得的政治身份，而没有考虑企业高管与政府官员之间具有其他的亲密关系，如亲戚、朋友、同学等隐性的政治关联。由于隐性的政治关联数据在实际搜集中不易获得，且缺乏一定的可靠性，因此本书的研究仅考虑显性的政治关联。

第二，本书的研究中"政治关联强度"变量的度量可能有一定的局限性。本书采取的方法是行政分级法，即分为全国、省级、市级、县级、县级以下，分别被赋值5、4、3、2、1，并按照企业高管政治关联的行政级别赋值加总。这种方法本身假定行政级别的高低直接影响政治关联程度的高低，可能未必会十分准确。

第三，本书并没有进一步的实证检验企业通过政治关联获取信贷资源的投资效率。而实际上，企业构建政治关联也需要支付相应的成本，并且通过政治关联获得信贷资源的企业可能会产生盲目投资的问题。另外，由于我国中小企业板成立较晚，为了扩大样本容量的同时构造平行面板数据，本书的研究年限为6年。然而，较短的年限无法进一步深入剖析企业政治关联行为随市场制度环境而做出的变化。这些问题将成为以后需要进一步研究和完善的内容。

第 2 章

相关理论基础

企业融资理论

2.1.1 金融抑制理论

美国斯坦福大学经济系教授罗纳德·麦金农（Ronald Mckinnon）和爱德华·肖（Edward Shaw）是世界上最早分析金融抑制对经济发展阻碍作用的经济学家，也是当代金融发展理论的奠基人。1973年，麦金农出版的《经济发展中的货币与资本》以及肖出版的《经济发展中的金融深化》，研究发展中国家金融发展与经济增长之间的关系，提出了著名的"金融抑制"论断，得出了经济发展的重要前提是金融自由，以及金融抑制严重阻碍经济发展的结论。他们的理论在当时引起了巨大的反响，同时，对发展中国家经济、金融体制改革产生了深远的影响。麦金农在《经济发展中的货币与资本》一书中提出：金融抑制主要是指由于政府过多的干预一国的金融活动和金融体系而抑制金融体系的发展，金融体系发展受阻又作用于经济发展，导致经济发展缓慢而产生恶性循环。而肖的《经济发展中的金融深化》主要分析了金融深化可以促进经济发展，金融深化与金融抑制是相对立的概念，金融深化是指政府对金融活动和金融体系取消干预可以促进金融发展，从而促进经济发展形成良性循环。可以发现，麦金农和肖分别从正反两个方面来分析金融发展与经济发展之间的相互作用、相互影响的关系。

　　麦金农在分析金融抑制的时候指出，发展中国家由于市场的不完全性导致商品或资产的价格遭到了严重的扭曲，这种情况下的经济是"被分割的经济"，具体表现为以下几个方面：金融市场的价格扭曲；信贷管制；金融市场的分割；货币市场与资本市场不发达；高准备金率和通货膨胀。其中，金融市场的价格扭曲通常表现为政府通常压低存贷款利率，市场上利率并非是使得货币市场出清的利率，难以反映货币资金的供求状况。从经济学供求关系的角度上讲，低于市场出清的利率必然会导致货币市场上对资金的过度需求，从而导致了信贷配给的产生。同时，由于在发展中国家货币和资本市场的不完全和无效率，不具备政府运用间接工具去调控经济的条件，所以对信贷往往采取直接管制。金融市场的分割主要是指发展中国家不同种类的金融机构有不同的管理当局，这会造成各种种类的金融机构各行其是、各自发展，导致整个金融市场缺乏协调，效率低下。由于货币和资本市场的不健全，正规金融市场发展缓慢，为非正规金融市场的发展提供了机会，这就是金融抑制导致的金融二元结构的表现。另外，发展中国家政府为了进行信贷监管和增加收入，往往会存在较高的存款准备金率，最终政府成为金融机构最大的资金使用者，大量的私人投资被挤出。当高额的存款准备金被政府用来填充财政赤字，避免财政赤字引发货币发行时，伴随着可利用的存款准备金的减少，就有可能引发通货膨胀。

　　在麦金农看来，发展中国家对金融抑制政策的偏好源于政府控制本国金融机构的意图，这种国家的金融体制往往是以国有银行为主体的，然而，银行的国有性质有很浓厚的政府色彩，又很容易引发金融抑制。

　　肖认为，要想实现竞争有效的金融市场，就需要取消政府的金融抑制，进行金融深化。在如何消除金融抑制方面，麦金农和肖都认为，重点是要取消政府对利率的限制，使利率真实反映货币市场的供求状况，才能有效地解除金融抑制。他们认为，消除金融抑制的方法主要有：开放利率；鼓励银行竞争；增加向中小企业的贷款；金融改革和财政改革同步进行；金融改革与外贸改革同步进行。只有这样，才能改善发展中国家金融发展落后的状况，才能建立一个竞争有序且高度发达的金融体系，形成金融发展促进经济发展的良好局面。

2.1.2　资本结构理论

　　资本结构是指企业资本的构成与比例关系，企业的资产等于负债与所有者权益的总和，所以通常情况下，资本结构指的是企业对负债和权益的分配比例。企业融资的资本结构理论主要是研究企业负债与权益比例的变化对企业价值的影响。企业管理层追求的目标是企业价值最大化以及股东权益最大化，所以，最优资本结构是使得企业价值最大化以及股东权益最大化时的负债－权益比。现代企业融资的资本结构理论主要包括：MM 定理；修订后的 MM 定理；权衡理论。

（1）MM 定理。

现代资本结构研究的开端是 MM 定理。1958 年，美国经济学家莫迪利亚尼（Modigliani）和米勒（Miller）展开了对企业资本结构与企业价值方面的研究，并开创性地提出了 MM 定理。在 MM 定理之前，人们认为资本结构对企业价值的影响是复杂难解的，而莫迪利亚尼和米勒在一系列严格的假定及严密的数学推导下，却得出了令人眩晕的结论：企业资本结构不影响企业价值的结论，即企业不存在最优资本结构，因为资本结构与企业价值无关。后来，学术界用莫迪利亚尼和米勒姓氏的首字母 MM 来命名该理论，MM 定理也成为现代资本结构理论研究的基石，对后来修正后的 MM 定理、权衡理论以及新资本结构的相关研究都产生了深远的影响。

MM 定理研究的是在完全资本市场，无税收以及无交易成本的情况下，企业的资本结构对企业价值的影响。经过严密的推导后，MM 定理得出了企业的价值与其资本结构无关的结论。然而，该定理的应用是建立在一系列严格假设的条件下：第一，企业的息前税前利润可以用来衡量企业的经营风险的高低。第二，投资者对企业未来息前税前利润的预期不考虑货币的时间价值因素。第三，资本市场是完全的，不存在交易成本，且市场上只存在唯一的借款利率。第四，企业所有的债务都是无风险的，同时，借款利率也是无风险利率。第五，企业的息前税前利润是固定不变的，即在投资者看来企业是零增长的，且各期的现金流都是固定的，等同于永续年金。MM 定理的基本结论通常称为 MM 命题，该定理包含以下两个命题：

MM 命题 I（无税）：杠杆公司的价值等同于无杠杆公司的价值，都等于预期息前税前利润除以其相应风险报酬率。

$$VL = VU = \frac{EBIT}{BL} + \frac{EBIT}{BU} \tag{2.1}$$

其中：VL 表示杠杆企业的价值，即企业有负债时的价值；

VU 表示无杠杆企业的价值，即企业没有负债时的价值；

RL 表示杠杆企业的加权资本平均成本；

RU 表示无杠杆企业的权益资本成本。

该命题悲观地认为，企业无法通过改变其资本结构来增加企业的价值，因为对于同一个企业而言，任何不同的资本结构下，企业的价值总是相同的。同样，对于股东而言，不存在较好的或者是较坏的资本结构。

MM 命题 II（无税）：杠杆企业的权益资本成本等于无杠杆企业的权益成本加上风险溢价。而风险溢价等于无杠杆企业的权益资产成本与杠杆企业的负债成本之差与负债权益比例的乘积。即：

$$Rs = (Ro - Rb)\frac{B}{S} \tag{2.2}$$

其中：Rs 表示杠杆企业的权益成本；

Rb 表示债务成本；

Ro 表示完全权益公司的资本成本；

B 表示企业的负债；

S 表示企业的权益。

从式（2.2）可以看出，MM 命题 II（无税）得出的主要结论是权益的期望收益率是企业负债—权益比的线性函数，会随着财务杠杆的提高而上升。

MM 定理是现代企业融资资本结构研究的开端，对后续关于资本结构方面的研究产生了巨大的影响。然而，后来的学者以及两位作者也渐渐发现使其成立的一系列严格的假设条件与现实经济并不相符，并且模型中忽略了一个在现实生活中客观存在的因素——企业税。1963 年，莫迪利亚尼和米勒对 MM 定理做了修正，将企业税加入模型中重新进行分析，得出了与无税模型不同的结论：企业负债的利息可以在税前扣除，能够起到抵税的作用而增加企业的价值。修正后的 MM 定理也得出了两个命题：

MM 命题 I（企业税）：财务杠杆通过利息产生的税盾效应增加公司价值，杠杆企业的价值等于无杠杆企业的价值加上财务杠杆产生的税盾。即：

$$VL = \frac{EBIT(1-TC)}{Ro} + \frac{TC \times RB \times B}{RB} = VC + TC \times B \tag{2.3}$$

其中：VL 表示企业有负债时的价值；

VC 表示企业没有负债时的价值；

B 表示负债的总额；

RB 表示利息率；

TC 表示企业税率。

（TC×RB×B）表示负债带来的税盾效应，若同时把 RB 作为折现率，则税盾的现值为（TC×RB×B)/RB。

从该命题可以看出，税盾现值会随着企业负债的增加而增加，企业可以通过用负债代替权益来增加企业的价值，该结论暗示了企业应采用完全负债的资本结构以达到价值最大化。

MM 命题 II（企业税）：杠杆企业的权益资本成本等于无杠杆企业的权益资本成本加上企业的风险报酬率，但与无税收的情况不同的是，风险报酬率不仅由企业的负债融资程度决定，还要考虑企业税的影响。即：

$$Rs = Ro + \frac{B}{S}(1 - TC)(Ro - Rb) \qquad (2.4)$$

其中：Rs 表示杠杆企业的权益成本；

Rb 表示债务成本；

Ro 表示完全权益公司的资本成本；

B 表示企业的负债；

S 表示企业的权益；

TC 表示企业税率。

从 MM 命题 II（企业税）可以看出，权益的收益率是公司负债权益比的线性函数，如果 Ro 超过 Rb，权益的成本就会随着负债－权益比的增加而增加，由于即使无杠杆权益也有风险，所以应该具有比无风险的债务更高的期望收益率。所以一般情况下，Ro 会超过 Rb，权益收益率与公司负债权益比正相关。

（2）权衡理论。

MM 定理（企业税）强调了税盾效应对企业价值的影响，认为负债产生的利息可以在税前扣除，从而增加企业的价值。MM 定理（企业税）模型弥补了MM 定理（无税）模型忽略企业税的缺陷，暗指企业存在最优资本结构，即完全负债的资本结构，却没有考虑负债可能给企业带来的破产成本与损失。罗比切克（Robichek，1967）、梅耶斯（Mayers，1984）、考斯（Kraus，1973）、鲁宾斯坦（Rubinmstein，1973）、斯科特（Scott，1976）等学者在 MM 定理的研究基础上，重新对模型进行修正，产生了在企业融资的资本结构理论中处于重要地位的权衡理论。权衡理论把负债对企业可能带来的财务困境成本及企业损失加入模型中，认为企业的最优资本结构不仅要考虑负债带来的税盾效应，还要考虑负债给企业带来的破产成本及相关损失。该理论认为，随着企业财务杠杆不断提高，负债带来税盾效应的同时，也增加了企业的经营风险、陷入财务困境甚至破产的概率以及相关成本，而这些成本会导致企业价值的下降。此时企业的价值可以用公式表示如下：

$$VL = VU + TC \times B - BC \tag{2.5}$$

　　其中：VL 表示杠杆企业的价值，即企业有负债时的价值；

　　　　　VU 表示无杠杆企业的价值，即企业没有负债时的价值；

　　　　　TC 表示企业税率；

　　　　　B 表示企业的负债；

　　　　　BC 表示财务困境成本及相关成本。

　　所以，最优资本结构需要综合考虑财务杠杆带来的节税效应和财务困境成本及相关成本，而不再是 100% 负债的资本结构。此时，企业最优资本结构位于负债产生的边际财务困境成本及相关成本等于税盾效应产生的边际节税收益处。如图 2 - 1 所示，VL′ 是不考虑财务困境成本和相关成本时的企业价值，VL 是考虑财务困境成本和相关成本之后企业的价值，VL′ 和 VL 之间的部分 BC 指财务困境成本及相关成本，此时的最优负债额是 B*。图 2 - 2 中弧形的曲线是指企业的加权平均资本成本，可以看出，它一开始会随着负债额的增加而减少，在 B* 处达到最小值，当负债额超过 B* 时会增加。

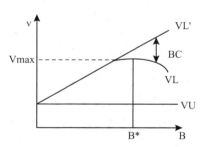

图 2 - 1　负债带来的税盾效应

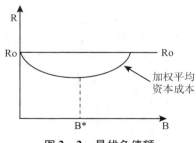

图 2 - 2　最优负债额

权衡理论不仅考虑了负债为企业带来的节税利益，还考虑了负债产生的财务困境成本与相关成本。显然，权衡理论认为，企业最优资本结构不可能是完全负债的资本结构，在一定程度上解释了一些企业为何舍弃税盾效应不选择高负债经营，这相对于 MM 定理来说，无疑是更接近企业现实。但是，对于企业来说，财务破产成本很难精确的衡量，企业的最优负债量也无法准确地计算出来，因此，无法准确地确定企业的最优资本结构。同时，与 MM 定理有一样的研究假设，即资本市场是完全的，这点显然与现实经济不符。

2.1.3　信号传递理论

20 世纪 70~80 年代，一些学者在现代资本结构理论的基础上继续研究关于企业融资的资本结构问题，产生了一系列观点及理论。新资本结构理论的重大突破是将经济学中的信息不对称理论引入企业融资的资本结构的研究中，之前关于企业融资的资本结构理论研究的主要是税盾效应以及财务困境成本如何作用于企业的最优资本结构，而新资本结构理论却更多地关注发生交易时结构、制度等，如"信息""信号机制""激励机制"等，在分析企业融资问题时更关注的是企业因素。信息不对称（asymmetric information）是指在市场上交易双方掌握的信息不对等，即一方比另一方掌握更多的交易信息。当交易双方掌握的信息不对称时，掌握较多信息的一方在交易中处于有利地位，而掌握信息较少的一方则处于不利的地位。新资本结构理论认为，在资本市场是存在信息不对称的问题，企业内部管理者对于企业真实价值、经营状况以及投资项目的风险状况等处于信息优势地位，而外部投资者关于该方面的信息掌握处于劣势地位。信息不对称理论赋予企业融资的资本结构以全新的分析框架，因此，与此相关的资本结构理论称为新资本结构理论。

早在 1956 年，美国学者约翰·林特（John Linter）通过对美国上市公司的财务经理开展问卷调查，经过实证研究后发现，企业管理者对派发股利政策的调整是十分谨慎的，只有在能确保未来公司的收益能达到一个理想水平且可以持续下去，同时还能确保公司以后的股利也能维持在一定的水平且不会削减的情况下，公司才会考虑提高股利，而做出削减股利的决定同样也需要综合考虑公司未来收益及未来股利支付率的持续情况。约翰·林特开创了股利政策信号传递理论研究的先河，其研究也为后来的学者奠定了重要的基础。而最早关注企业股利政策的变化与企业向市场传递出的预期收益信息联系起来的是佩蒂特（Pettit，1972），他的研究表明，企业可以将其股利政策作为向市场传递其预期收益信息的一种隐性手段。

后来，罗丝（Ross，1977）将信息不对称引入企业资本结构及股利信号的分析中来，他认为，投资者与企业的管理者之间存在着信息不对称，企业的管理者对自身的经营状况、未来收益以及项目风险等掌握的信息要远远多于投资者。投资者往往只能通过企业向市场输送的信息来判断企业的经营状况、未来收益以及项目的风险。然而，企业的资本结构与股利政策就是企业传达给市场自身情况的重要信号。罗丝指出，当企业有较好的预期收益，同时又不存在其他的高额投资项目时，企业就会充分利用负债带来的税盾效应，增加每股盈利。并且，当企业对未来预期收益和较高的股利支付率充满信心时，也会通过增加股利的方式向企业传达信息。当然，如果企业存在资金缺口且对未来项目没有太乐观的预期时，管理者会选择减少股利的发放，通过增加留存收益来维持经营。可以看出，资本结构与股利政策作为一种信号，可以很好地将企业的内部信息传递给投资者。

信号传递理论针对企业管理者与投资者之间存在信息不对称的情况，给出了企业资本结构和股利政策能作为一种信号有效地将信息传递给投资者的结论。该理论成为股利分配政策的主流理论，也广泛地被人们接受。但是同时它也存在一些缺陷，例如没有考虑到单靠企业主导的信息传递难以有效满足投资者的需要，另外，还存在企业故意释放虚假信息的可能。许多实证研究表明，股利信号并不能有效地预示企业的未来发展前景。

2.1.4　信贷配给理论

20 世纪 60 年代以后，随着信息经济学的不断发展，越来越多的学者将信息不对称理论应用到企业融资的信贷市场研究中，为企业融资理论的研究提供了新的契机。最早将信息不对称理论运用到信贷市场的分析中的经济学家是杰斐和拉塞尔（Jaffee & Russell），他们用信息不对称产生的道德风险和逆向选择来分析信贷配给，强调事前信息不对称对信贷市场的影响。他们在合作完成的论文《不完全信息、不确定性和信贷配给》（Jaffee & Russell，1976）中，构建模型详细地讨论了信贷市场中的道德风险问题。模型首先把借款者分为诚实的借款者和不诚实的借款者，假定诚实的借款者不会选择违约，不诚实的借款者会选择违约，而银行无法区别诚实的借款者与不诚实的借款者。在这种情况下，银行可能会选择竞争性的利率水平，该利率会高于信贷市场上供求相等时的利率，此时对于银行来说，不诚实的借款者产生的信贷风险可以由这种较高的利率水平所补偿，而诚实的借款者面临较高的借款利率可能会选择退出信贷市场，于是信息不对称产生的道德风险使不诚实的借款者留在市场上，产生了信贷配给。

杰斐和拉塞尔提出的模型的假设条件遭到了后来学者的质疑。模型假设市场上只存在两类借款者即诚实的借款者和不诚实的借款者，且诚实的借款者无论如何都不会违约，而不诚实的借款者无论如何都会违约。这显然是与现实情况不符的，因为无论何种借款者都有违约的可能性。后来基顿（Keeton，1979）从信息经济学道德风险的角度来分析信贷配给，并提出了信贷市场上存在两类性质的信贷配给：第一种类型是在既定的利率水平下，借款者的申请数额无法得到全部满足；第二种类型是相同的借款人同时提出借款申请，结果是一部分借款人得到贷款，而另一部分借款人没有得到贷款，即便是该部分人愿意支付更高的利率仍无法获得。并且他还构造函数对贷款利率与金融机构的预期收益的关系进行了分析，认为信贷市场上的信息不对称出现道德风险，致使提高贷款利率会必然降低金融机构的预期收益，基顿并没有详细地分析信息不对称情况下信贷配给的形成机理。关于不完全信息下的信贷配给理论，最为全面及最具影响力的研究是斯蒂格利茨和韦兹（Stiglitz & Weiss）的研究。

斯蒂格利茨与韦兹在杰斐和拉塞尔研究的基础上，进一步研究了信息不对称下的信贷配给现象，在1981年《美国经济评论》上发表了《不完全信息市场中的信贷配给》一文，文中全面分析了信贷市场上的信贷配给现象，认为信息不对称导致的逆向选择和道德风险是产生信贷配给的基本原因。并且提出信贷配给是市场主体理性选择的结果，是不完全信息市场上的一种长期均衡的现象，后来，学者把斯蒂格利茨与韦兹在文中的信贷配给模型称为 S－W 模型。该模型也成为后来研究中小企业信贷融资问题的基本模型。

S－W 模型认为：信贷市场上的借款者和银行存在信息不对称，借款者对自身项目的具体风险与收益等比较了解，而作为贷款者的银行对具体借款者项目风险与收益情况并不了解，只是知道所有借款者项目风险与收益的平均情况。在这种境况下银行处于信息劣势地位，若借款者有意隐瞒自身信息，则银行事前便无法准确地掌握具体借款者投资项目成功的概率，事后也无法判断借款者的偿还贷款的概率。同时，在信贷市场上资金的供给要小于资金的需求，必然会导致有一部分人得到银行的信贷支持，而另一部分人却没有得到银行的信贷支持，市场上的贷款利率一定会高于市场出清时的利率。作为追求利润最大化的市场主体的银行可能会选择提高贷款利率来增加预期收益，但是由于信贷市场的不完全，银企之间的信息不对称会导致逆向选择和道德风险的产生，所以利率的提高并不会增加银行的预期收益，反而还会增加贷款的违约风险。因为，对于优质客户来讲，其选择的投资项目风险较小且收益也较少，较高的利率会迫使其退出信贷市场；而劣质客户选择的投资项目风险较高，但是一旦项目成功就能取得高额收益，即便项目失败也可选择违约，因此高风险、高收益可以补偿较高贷款利率。另外，高的贷款利率还可能诱使借款者放弃低风险、低收益的项目而选择高风险、高收益的项目。所以，利率同时具有分离效应（筛选借款者）和激励效应（影响借款者行为），这两种效应的综合导致利率提高的同时也提高了借款者的整体风险，导致银行预期收益的下降。因此，银行的预期收益并非是利率的单调函数，预期收益曲线是一条向后弯曲的曲线。

后弯的预期收益曲线说明银行的预期收益曲线在一开始会随着贷款利率的增加而增加，在某一个利率水平上达到最大值，而再增加利率时银行的预期收益会下降。这就说明，影响银行预期收益的变量不仅仅只有贷款利率一个变量，还受到借款者违约风险的影响，因为利率的提高也会使借款者的违约风险提高。由于信贷市场上的资金需求要远大于供给，银行面临超额的信贷需求时，不会提高利率，而是选择使其利润最大化的利率，很显然，该理论必然会小于使信贷市场出清的利率，由此产生了信贷配给。

S-W 模型建立了信贷配给的新的研究框架，较为全面地分析了不完全信息市场上信贷配给产生的原因，其最突出的贡献是分析了利率的分离效应和激励效应，同时，还证明了信贷市场上利率的调整无法达到市场出清，并且信贷配给是市场主体理性选择下的长期稳定均衡。但其也无法避免产生一些局限性：首先，模型中把贷款利率作为唯一的内生变量，完全没有考虑除利率以外的其他因素对信贷配给可能产生的影响。例如，抵押品也可以作为模型的内生变量，能够很好地消除信息不对称产生的道德风险。其次，模型没有考虑银行事后的监督成本与企业的违约成本。S-W 模型为后来学者在信贷配给方面进行深入研究奠定了重要的理论基础。

韦特（Wette，1983）对 S－W 模型进行进一步的拓展，把抵押品同利率一样作为内生变量加入模型中，并且着重分析了抵押品在信贷市场中的作用。韦特发现，抵押品也能导致信贷市场上的逆向选择和道德风险，也就是说，抵押品要求额的增加也会导致银行信贷风险的增加，使得银行的预期收益下降。这就说明，在信贷市场上不仅利率会导致信贷配给的产生，抵押品也会导致信贷配给的产生，即利率和抵押品都是信息不对称下信贷配给的内生机制。斯蒂格利茨与韦兹（Stiglitz & Weiss 1985，1987，1992）对 S－W 模型又进行了修改，研究了抵押机制在信贷配给中的作用，结论是抵押和利率或是其他机制都不可能消除信贷配给现象，认为银行提出的由这些内生变量组合产生的信贷合约都无法消除信息不对称带来的逆向选择和道德风险，信贷配给仍然会存在。后来，斯蒂格利茨与韦兹又把借款者分为不同的风险类型进一步的研究，最终得出了信贷配给与借款者的风险类型无关的结论。

后来的学者侧重于研究信贷交易中的抵押品对信贷配给的影响，其中，研究最为透彻的是贝斯特（Bester，1985），他在斯蒂格利茨与韦兹、韦特的研究基础上进一步分析了抵押品在信贷配给中的作用，提出了与其他学者不同的结论：同时包括利率和抵押品的信贷合约会抑制信贷配给的产生。威廉姆森（Williamson，1987）进一步放松了 S－W 模型的假设条件，并且不考虑信息不对称导致的事前逆向选择，而是强调事后道德风险对信贷配给的影响。他从新的视角来分析信贷配给现象，研究不完全信息市场中银行的监督成本对信贷配给的影响，认为监督成本主要是指银行为防止企业项目投资失败或破产给自身造成损失而付出的成本，银行只有付出监督成本才能调查企业投资项目的真实风险情况，防止企业投资于高风险项目，产生道德风险。当然，企业的监督成本会降低企业的预期收益，所以银行出于节约监督成本的考虑会安排一种最优债务合约，该合约中包含的贷款利率一定会低于使借贷市场出清时的利率，因为较高的贷款利率可能会伴随着较高的违约率，继而会产生较高的监督成本，所以监督成本通常会随着贷款利率的提高而提高。威廉姆森得出结论，认为事后监督成本是信贷配给产生的主要原因，在他看来，即使没有事前的逆向选择，事后的监督成本也可以导致信贷配给的产生。但是与 S－W 模型不同的是，该模型中的因信贷配给而无法得到贷款的是那些让银行承受更高监督成本的借款者，而 S－W 模型中因信贷配给而无法获得贷款的是那些拥有低风险、低收益投资项目的借款者。

施雷夫特与维拉米尔（Schreft & Villamil，1992）从贷款额度方面来分析信贷配给。他们认为，贷款者出于利润最大化的考虑会通过控制贷款额来进行信贷配给，并且通常情况下，遭受信贷配给的是小型企业，与大型企业相比，它们更难得到足额的贷款。施密特莫尔（Schmidt－Mohr，1997）在前人研究的基础上进一步分析了信息不对称下的信贷配给现象。其模型放松了对借款者和贷款者风险类型的假设，引入风险中性假设，并把贷款额度与抵押品、利率一同作为内生变量。他认为，当借款者属于风险规避者时，贷款额可以成为借款者风险类别的甄别机制，并分别研究了竞争市场与垄断市场在完全信息情况下与非完全信息情况下的信贷配给。对于莫尔而言，其主要的创新之处是把贷款额作为内生变量加入模型之中，但是这与银行的实际情况却是不相符的，银行甄别借款者投资项目的风险类型需要付出审查成本，未必能简单地通过贷款额度来分离借款者。

2.2
政府管制理论

2.2.1 公共利益理论

政府管制公共利益理论（public interest theory of regularion）属于对政府管制进行的规范研究，分析为何会出现政府管制的问题。理查德·艾伦·波斯纳（Richard Allen Posner）1974 年提出政府管制公共利益理论具有两个重要的理论前提，第一是单纯放任自由的市场运作具有脆弱性且无效率，政府管制是政府对公共需要的一种回应；第二是政府管制是不需要成本的，政府大公无私的性质特征使其有意愿进行管制，且有能力进行有效的管制。因此，公共利益理论认为，政府管制的出发点和落脚点是公共利益，政府有能力通过制定相关的管制规则来提高资源的配置效率，达到资源配置的帕累托最优，最大限度地增进整体社会福利。

市场机制存在的固有缺陷会导致市场失灵，如垄断、外部性、信息不对称等，而从理论上讲，弥补市场失灵最有效的办法就是进行政府干预。丹尼尔·史普博（Daniel Spulber）1999 年认为，市场失灵是政府管制介入的必要但非充分条件。市场失灵的诸多类型中有三类是政府管制可能发生作用的领域，即进入壁垒、外部性与内部性。在市场上，高额的沉没成本可能会形成进入壁垒，进而形成自然垄断，而此时如果有产品价格管制就可以对自然垄断厂商进行约束，这样就可以促使厂商制定出最优的价格水平，减少垄断利润，达到社会资源的有效配置。外部性的产生是由于在交易中忽略了第三方的成本或收益，但是可以通过政府管制的方式来对负外部性的行为征税，对正外部性的行为进行补贴，另外，还可以通过明晰产权的形式使外部性的问题内部化，这些途径都可以有效地处理外部性的问题，提高社会整体福利水平。总而言之，当由于市场缺陷而导致社会资源配置无法达到有效率时，政府的管制可以弥补市场缺陷，实现资源的帕累托最优配置，最大化社会整体福利。

公共利益理论把政府管制看作是一个外生变量，可以在市场出现不公平或是低效率时守护公共利益。该理论认为，企业和个人分别是追求利润最大化和效用最大化的微观市场主体，而政府代表的是公共利益，没有自身独立的利益，它追求的是社会福利最大化。欧文和布劳第根（Owen & Braentigam, 1978）提出，可以把政府管制看作是一种可以减弱市场运作风险的手段来服务于社会公共需求。政府可以通过价格、质量、服务等规定尽可能避免社会公共利益受到损害。这意味着，政府并不是某一部门的利益保护者，在市场不能进行有效资源配置或是公共需求不能得到满足的任何时候，政府都可以进行管制。也可以说，公共利益理论主张通过政府管制的方式来矫正市场机制的缺陷，纠正资源配置的低效率和不公平，维护公共福利及社会秩序的稳定。

公共利益理论为政府干预市场、进行管制提供了理论依据，在很长一段时间内作为协调政府与市场关系的正统理论。当然，公共利益理论也存在一些缺陷。首先，政府管制公共利益理论作为一种规范分析，其很重要的一个假设前提是公众存在对社会净福利的潜在追求，并在此基础上分析政府可以成为社会净福利的守护者，从而得出管制由此产生。但是实际上，该理论只是停留在假定层面上，并没有对政府管制产生的论断做进一步的实证检验，也并没有分析政府管制是如何作用于社会净福利，只是断定政府管制可以增进社会净福利（Viscusi, Vernon & Harrington, 1995）。其次，公共利益理论认为，政府管制必然与外部性、垄断等造成的市场失灵相联系，而实际上有一些现象是无法通过这一逻辑来解释的。在许多不存在垄断也不存在外部性的行业也可能存在着诸如价格、进入等方面的政府管制（Posner，1974），还有一些厂商希望通过政府管制来限制市场上竞争对手的数量，以此来保证自身获得超出正常利润之上的超额利润。最后，弥补市场机制的缺陷及纠正市场失灵并不是政府唯一的经济目标，在许多情况下，政府管制经济可能与市场失灵并没有太直接的关系，公共利益理论仅仅从市场失灵和福利经济学角度去分析政府管制，未必能得出较为全面、客观的结论。

2.2.2　管制俘获理论

政府管制的公共利益理论认为，政府管制是保护公共利益的需要、纠正市场失灵，增进社会整体福利。然而，有许多学者并不认同政府管制的公共利益目的。本特利（Bentley）在 1908 年出版的《政府的过程：一项对于社会压力集团的研究》（*The Process of Government：A Study of Social Pressures*）一书中就从利益集团的角度分析了政府管制行为，他认为，社会公共利益是一种虚构，它并不是政府政策方向的决定因素，社会上只存在集团的利益，集团往往通过俘获管理机构来增进集团利益，因此，可以说集团利益才是政府政策的唯一决定因素。格雷（Gray，1940）在利益集团理论的基础上进一步研究了政府管制行为，他发现，以公共利益为基础而设计的政府管制程序很可能遭到私人利益集团的干扰，因为私人利益集团收买和控制管制机构，以至于那些因破坏公共利益而原本应该被加以管制的产业并没有得到有效的管制。当立法机构、管制机构被部分产业所俘获、控制时，政府管制的公共利益目的就会彻底消失，此时，政府管制不再以守护公共利益为目的，而是以该类产业的需求为目的（Bernstein，1955）。曾经获得诺贝尔经济学奖的施蒂格勒（Stigler，1971）在其《经济管制理论》（The Theory of Econimic Regulation）一文中提出，政府对社会中的任何一个产业而言，都是一种非常有用的潜在资源，因此，它们会千方百计地游说政府，导致管制机构最终会被产业所控制，而管制成为产业追求高额垄断利润的供给。

许多对政府管制效果的经营证据都表明，政府管制的效果并非如公共利益理论所提出的那样，相反，政府在存在市场失灵时进行的管制并没有起到应有的显著效果。这些经验证据在很大程度上推动了管制俘获理论的产生与发展。施蒂格勒（Stigler，1962）曾对美国电力部门的管制效果进行研究，发现政府对电力部门进行管制的期间与没有进行管制期间，电力市场的价格水平并没有发生显著的变化。约翰逊（Jackson，1969）通过研究价格管制居民用电、商业用电及工业用电的影响，发现对电力行业的价格管制并没有降低居民用电的价格，反倒降低了商业用电及工业用电的价格，这表明，价格管制并没有为居民带来福利，而商业用户和工业用户成为价格管制的真正受益者。摩尔（Moore，1969）通过对电力公司管制前后的价格对比研究，发现管制前后电价并没有像预期那样有大幅度的下降，他实证研究的结果表明，管制对电力价格的影响极其弱小。摩尔实证研究再次证实了施蒂格勒及约翰逊的结论，即管制并没有发挥应有的降低价格的效应。在关于垄断行业定价的经验分析中，不少研究发现，自然垄断行业尽管存在行业管制，但是价格歧视的现象仍然广泛存在。其中，沃利斯（Wellisz，1963）对美国天然气管道公司管制的实证研究、李特查尔德（Littlechild，1967）对芝加哥电话网络高峰定价的实证研究等都表明，尽管是受到政府管制的行业，但是仍然存在普遍的价格歧视现象。这些经验分析都证实了政府管制并没有达到公共利益理论所预期的成效，从另一方面也引起了人们对政府管制理论的反思。政府管制未必能有效地抑制自然垄断，同时政府管制也可能在不存在垄断的地方创造垄断，这些都源于政府的管制没有服务于公共利益，而是被某些特殊产业所俘获、控制（Jordan，1972）。

管理俘获理论的主要观点是，政府管制因被产业俘获、控制而迷失了服务于公共利益的方向，形成了政府失灵。该理论可以很好地解释上述经验分析的结果，较公共利益理论更加具有现实性、更加具有说服力。但是，该理论也存在一些缺陷。首先，该理论更多是由实证分析结果归纳而形成的，缺乏相应的理论解释力。管制俘获理论只是从经验分析中得出政府被产业集团俘获、控制，没有达到维护公众利益的结论，而没有从根本上解释政府是如何被产业集团所俘虏、控制。其次，有许多现实的现象不能用管理俘获理论解释。例如，管制机构更多情况下是维护消费者的权益，而不偏向于被管制的产业。并且管制机构经常对一些自然垄断行业进行一些控制产业利润的管制，而并非被自然垄断行业所俘获。

2.2.3 管制经济理论

大量的经验分析表明，政府管制不必然与市场失灵相联系，政府管制也不完全服务于生产者。政府管制公共利益理论与管制俘获理论在一定程度上都不能很好地解释政府管制的产生。实际上，公共利益理论与管制俘获理论更多是对现实生活中观察到的现象进行汇总和分析，并没有使用真正意义上的经济学的分析方法来研究管制的产生。施蒂格勒在《经济管制理论》一文中，首次尝试用经济学的分析方法深入研究政府管制是如何产生的问题，施蒂格勒也因此成为管制经济理论的创始人。施蒂格勒将管制理论从经验总结演变成用经济学的方法进行逻辑推理，具有重要的进步性。后来的学者佩尔茨曼与贝克尔在施蒂格勒的研究基础上，进一步完善和发展了管制经济理论。

（1）施蒂格勒模型。

长期以来，政府管制被视为政治行为，是政治学非常重要的研究领域之一。经济学家在研究政府管制时，习惯将管制行为看作是一个外生变量。而施蒂格勒将其作为经济系统的内生变量，认为管制其实是同商品市场一样由管制需求与管制供给联合决定的。无论是单个消费者、厂商，还是产业团体，或是管制机构，在从事活动时都会以自身效用最大化为目标，在充分考虑成本、收益的基础上做出决策。以厂商为例，在充分竞争的市场环境下，只能获得正常利润；但是若能组织成为卡特尔，便可以获得正常利润之上的超额利润。然而，想要寻求政府的保护构建成为卡特尔组织也需要花费成本，因为政府的行业进入管制并非是免费的，作为管制需求者的厂商必须要向作为管制供给者的政府支付一定的费用，例如政治家的活动经费、竞选经费等。厂商会比较自己获得的超额利润与支付的管制保护费用，当获得的超额利润大于为管制保护的支付时，就会选择寻求管制。在这个过程中，管制是经济系统中的内生变量，它实际上是一种特殊的商品，由管制市场上的供给和需求来决定。厂商或产业集团作为管制的需求者，支付管制保护成本，而政府则为管制需求者提供有利于扩大自身经济利益的管制政策作为回报。这样的分析将传统意义上的外生变量作为了一项内生化的决策变量。

施蒂格勒还重点讨论了哪些产业可能被管制，且管制应采取什么样的形式。为了进行逻辑分析，施蒂格勒提出了其模型的假设前提，首先，是政府的强制力是其最根本的资源，政府能够成为管制的供给者是源于其具有强制力，并且可以利用其拥有的强制力来为产业集团谋取利益。其次，政府、产业集团的行为选择都是理性的，即以效用最大化为目标，政府管制供给的目的与产业集团管制需求的目的是相一致的，都是为了增加自身效用。施蒂格勒认为，政府管制主要是为产业谋求利益，并且会根据产业利益来安排管制。就政府管制而言，它可以将财富在社会成员之间进行转移及重新分配。但是其效应的发挥需要两个因素，即管制政策的设计往往是以政治支持最大化为目标，且利益集团需要提供政治支持来获得有利于自身的管制政策。因此，管制偏向于组织良好的产业集团的现象就不可避免了。因为，组织良好的产业集团拥有较低的组织成本，可以更加有效率地提供政治支持。这也可以解释政府管制的结果往往更有利于产业集团，而不是缺乏组织的消费者。

施蒂格勒对管制经济理论的贡献在于其开创性地运用了经济学的分析方法将管制作为内生变量并探讨其产生。这相对于公共利益理论与管理俘获理论具有重大的进步性。施蒂格勒在研究中设定了严格的分析假设，并且还对所设定假设的逻辑内涵做了深刻的探讨，这些都为后来学者的研究奠定了坚实的技术基础。然而，施蒂格勒模型也存在一些缺陷，例如，政府管制是偏向于产业集团的结论与事实并不相符，许多情况下，政府管制的最终受益者是消费者而并非是产业集团。而且在分析过程中，施蒂格勒忽视了一个问题，政治家的政治效用最大化需要的是更多的选民，而非是产业集团的支持，因为产业集团的选票仅占极少部分，仅用为产业集团服务的单一目标函数，难以解释政府管制过程中多方利益不断进行的复杂博弈。

（2）佩尔茨曼模型。

在施蒂格勒研究的基础上，佩尔茨曼（Peltzman）进一步完善与发展了管制经济理论。他于 1976 年发表《通往更一般的规制理论》（Toward a More General Theory of Regulation）一文，在一系列严格的数学推导下对施蒂格勒模型的理论猜测进行了证明，并拓展了施蒂格勒模型。佩尔茨曼的模型主要探讨哪种类型的产业更容易受到政府的管制，他认为，如价格管制和进入管制之类的管制政策，管制者在进行政策决策之前一定会考虑相关利益集团的规模及管制发生后的财富转移情况。佩尔茨曼认为，假如只考虑两个相互对立的利益集团，即消费者与企业，且对于两个利益集团而言，总福利是一定的，也就是说其中一个利益集团福利的增加必然会导致另外的一个利益集团福利减少。且假定两个利益集团之间没有相互的政治影响。政府管制追求政治支持最大化受到社会财富（V）的影响，即：

$$V = V1 + V2$$

其中，V1 表示消费者的财富，V2 表示企业的财富。

则政府管制的政治支持最大化的效用函数可以具体化为如下形式：

$$M = M(P, I)$$

其中，P 表示商品的价格，I 表示企业的利润。

政府管制的政治支持最大化的效用函数表明，政治支持的最大化的效应取决于商品的价格及企业的利润。当企业利润较高时，消费者的政治支持将会减弱，企业的政治支持将会增加。而当企业的高额利润因管制消失时，企业的政治支持将会减弱，而消费者的政治支持将会增加。佩尔茨曼进一步分析了最优管制定价问题，他认为，管制的最优定价不会处于产业获得利润最大化的点上，而是处于政治支持无差异曲线与产业利润曲线的切点处。并且最优的定价一定是高于完全竞争市场上的定价，且企业利润最大化的定价。

佩尔茨曼模型为哪种类型的产业集团更有可能从政府管制中增加自身福利的问题提供了一个全新的分析视角。他认为，当某一产业集团在有无政府管制的情况下，价格变动并不明显的时候，该产业集团将不存在获得管制的激励。也就是说，如果不能在政府管制中获益，产业集团将不会支付管制成本以寻求政府管制。而最有可能寻求政府管制的产业是那些价格能够受到管制的影响，并能从中获益的产业。一般而言，期望获得政府管制的有两类企业，即垄断性的产业和竞争性的产业。垄断性的产业的消费者希望通过政府管制来降低该产业商品的价格，而竞争性的产业则希望通过政府管制而提高商品价格。

佩尔茨曼模型在施蒂格勒模型的基础上，用数学推导的方式将模型进一步的正式化，佩尔茨曼模型采用了与施蒂格勒模型相同的假设前提，即政府的强制力是其最根本的资源，且政府、产业集团的行为选择都是理性的，即以效用最大化为目标。并且还进一步分析了哪种类型的产业更容易受到政府的管制，这些都表明该模型具有重大的进步性。但是，佩尔茨曼模型也有其缺陷。首先，佩尔茨曼没有考虑到当商品价格上升时，政治支持的净效用问题。因为当价格上升时，消费者支持减少的同时，企业的支持在增加，而两者的相对支持效用是不确定的，因此政治支持的净效用也是不确定的。其次，市场上的信息是不完全的，政府很难确切地知道企业的利润，因此，政府也就不可能确定自身效用的目标函数。

（3）贝克尔模型。

贝克尔（Becker）于 1983 年发表《压力集团之间竞争的政治影响理论》（A Theory of Competition Among Pressure Groups for Political Influence）一文，文

中阐述了管制经济理论中的又一重要模型。贝克尔模型依然使用与施蒂格勒模型、佩尔茨曼模型相同的假设前提，即政府的强制力是其最根本的资源，但是与这两个模型不同的是，贝克尔模型重点关注利益集团之间的竞争，而不是关注管制者政治支持最大化的目标。他认为，各利益集团之间的加总的影响是为零的，因为一些利益集团增加的影响实际上是另一些利益集团减少的影响。而政府的管制受到各利益集团之间相互博弈的影响，每个集团在假定其他集团已经确定压力水平的情况下，确定使自身利益最大化的压力水平。无疑相对于较小的压力水平，较大的压力水平会使集团支付更多的成本，因此，任何一个利益集团都希望自己有较小的压力水平。在该模型中，贝克尔提出各利益集团之间追求自身利益最大化的相互博弈会导致政治均衡的产生，但是形成的政治均衡未必是一种帕累托最优的状态，因为各利益集团为了争取有利于自身的管制政策而展开的竞争会耗费大量的经济资源。该模型认为，管制活动会随着管制产生的边际无谓损失的增加而减少。

贝克尔模型采用最优反应曲线来分析哪种类型的企业更有可能被管制。该模型假定市场上存在自然垄断和竞争性两类产业，管制对竞争性产业带来的帕累托改进的可能性会小于垄断性产业，因而管制为经济型产业带来社会福利的净损失会大于垄断性产业。此时对自然垄断产业的管制可以带来更多的财富转移，因此，利益集团会对自然垄断产业的管制施加更多的压力。该模型认为，容易出现市场失灵的产业更有可能被管制，由于管制该类产业产生的边际福利净损失相对较低，不至于使产业遭受更大的损失，因此，该类产业往往不会实施更多的影响力去抵制管制政策。该模型进一步完善和发展了管理经济理论，认为管制政策不是受某一利益集团的驱使，而是各利益集团之间的相对影响力的较量。与公共利益理论、管理俘获理论以及施蒂格勒模型、佩尔茨曼模型相比，更具进步性，更贴近现实。

然而，贝克尔模型也具有一定的局限性。首先，该模型重视各利益集团之间的博弈而忽略了管制者在政治均衡中的影响。虽然管制者在一定程度上可以看作是产业集团利益的代理人，但是认为管制者完全是被动服务于利益集团的观点难以得到支持，因为管制者也是市场中追求自身利益的独立主体，其选择对政治均衡的影响似乎具有必然性。其次，该模型认为，利益集团获得政治影响力的前提是该利益集团能有效地组织起来并支付一定的成本实现政治诉求，这一观点难以解释管制政策服务于消费者的情形，因为，消费者很难花费成本组织起来形成政治影响力。

2.3

寻租理论

政治关联其实是企业与政府之间的一种紧密关系，企业通过与政府的这种紧密关系来获得"政治租金"，然而被赋予这种"政治租金"的载体正是政府或政府官员。"寻租"一词作为经济学中具有特定含义的术语，是从"租金"这一概念中衍生出来的，"寻租"即为"寻求租金"，因此，寻租理论也就是一门研究寻求租金行为的理论。而"租金"一词在经济学中也是十分重要的一个概念，其内涵随着经济学的不断发展而发展变化。在最初的古典经济理论中，"租金"被人们理解为地租，也就是因使用土地资源而必需的支付。在近代的经济学中，"租金"这一概念并没有一直局限于地租，而是被扩展为各种生产要素的报酬。而在现代西方经济学中，"租金"的概念被进一步扩展，被认为是一种超过机会成本的收入，或者称为是一种超额垄断利润。因而，寻租行为也就是为了获得和维持垄断地位从而得到垄断利润（亦即垄断租金）的活动。

邓肯·布莱克（Duncan Black）从公共选择理论的角度来分析寻租行为。他于 1948 年发表了《论集体决策理论》一文，成为研究公共选择理论的最早的经济学家，随后詹姆斯·布坎南（James M. Buchannan）于次年发表了《政府财政的纯理论》一文，诺贝尔经济学奖获得者肯尼思·阿罗在 1951 年发表了其名著《社会选择和个人价值》，这三位学者成为研究公共选择理论研究的奠基人。公共选择理论坚持经济学中"经济人"假设，假定个体都是出于私利而行动的，并运用经济学的研究方法来分析集体或非市场行为。在经历了 20 世纪 30 年代的西方经济危机之后，人们逐渐认识到放任自由是无法保证经济的良好运行，需要通过政府的干预来弥补市场的缺陷。即便是在一个市场体制发育完善的国家，诸如集体利益关系的协调等也无法单纯地依靠市场机制来完成，而通过非市场的途径来协调各利益集体之间的经济问题就是公共选择领域的一项重大课题，因此，我们可以把政府干预看作是一种公共选择行为。然而，在现实社会中政府并非总是以社会公众福利最大化为目标的，并且在很多情况下，政府制定的管制目标并非会产生相应的管制效果，政府的管制很有可能会影响市场主体之间的公平竞争，某些市场主体会形成垄断。因此也可以说，政府的管制更多是为了保护少数利益集团和政府官员的私利。

公共选择学派从政府的角度来解释寻租行为。对于任何一个微观市场主体都将利润最大化作为其经营目标，而在不完全竞争市场中，厂商不仅可以获得正常利润，还可以获得超额利润。而私人企业可以通过对政府提出有利于自身的管制要求，让政府的管制可以为厂商带来垄断利润。而这种能被政府满足的管制要求，或者称为是垄断权力必将成为一种稀缺的资源，这种资源同其他的生产方面的资源一样能为企业带来垄断利润，这种垄断利润也就是租金。因此，企业对垄断利润的追求就相当于是对垄断特权的追求，也可以说是政府管制的需求，这种需求本质上就是对经济租金的需求。企业为了获得垄断特权而进行一系列的努力去获得政府有利于自身的管制，这就是寻租行为。垄断会带来社会资源配置的低效率，无疑寻租行为也会造成社会资源无法达到最优配置。由此可见，公共选择学派研究寻租行为是以政府管制为理论前提的，他们认为，寻租行为本身就是政府管制产生的后果，而要限制寻租行为的唯一办法就是限制政府管制。

新制度经济学派从交易成本、产权、制度及制度变迁的角度来阐述寻租理论。制度从本质上讲是社会的规则，它包括博弈规则、激励规则及惩罚规则等，正是由于制度的存在才使得人与人之间的相互交往具有一定的稳定性。规则可以分为两类，一类是法律、法规等正式的规则，还有一类是诸如习俗、道德等非正式的规则，而无论是正式的规则还是非正式的规则都属于制度的范畴。古典经济学派认为，市场机制作为"看不见的手"可以在无形中指引社会资源朝向最有效的方向配置。制度经济学派提出只有降低交易成本，产权的设定就可以提高资源的配置效率。新制度经济学派更加强调了制度在市场交易中的作用，认为在市场交易中最关键的约束条件并非仅仅是人们之前所认为的生产成本，交易成本在资源配置中也起着十分重要的作用。市场交易环境中有形、无形的制度安排、制度框架等对市场效率都有着关键性的决定作用，在优越的制度环境下，可以很大程度地降低交易成本，提高经济效益，而在一个恶劣的制度环境下，经济效益及整体社会福利将很难得到提高。

新制度经济学派认为，政府的职责就是界定和维护产权，而个体一方面可以通过市场交易的方式交换产权，另一方面也可以通过政府来重新配置产权。政府配置产权的行为可以维护市场交易秩序，提高经济效益，促进社会公众福利的增加。同时也可能产生一些不利影响，如使某些企业在行业中产生了垄断，破坏了良好的市场竞争秩序、损害公众福利等。而追求利益最大化的微观市场主体就会产生寻租行为，通过政府来重新占有产权，获得垄断利润。这种影响政府决策的个体或集体行为一旦为企业带来超额利润，就会诱使其他相关的个体或集体效仿，越来越多的产权变更要求会不断地增加社会资源的浪费及降低社会公众福利。总而言之，新制度经济学派认为，经济运行中最核心、最关键的不是商品或服务的交易，而是重新配置产权的权利。在一个制度健全的社会中，寻租者的寻租行为自然会减少，寻租兴趣也自然会减弱。

第 *3* 章

企业政治关联的构建动机

企业政治关联行为动机是研究企业政治关联的首要环节。我国自古就是一个关系型社会，关系对于任何一个市场参与主体而言都是一种非常重要的资源。本章首先从我国关系型社会背景的角度分析政治关联的形成，并运用政治市场工具来分析政治关联的供求双方，然后从利益相关者的视角看待企业与政府之间的关系，对民营企业的政治关联动机进行分析，且通过与国有企业进行比较，讨论我国民营企业构建政治关联的特殊性。

3.1
企业政治关联形成溯源

3.1.1 关系型社会与政治关联

"关系"是中国社会最基本的特点之一。自古以来，中国的伦理本位就是以父子、兄弟、夫妇关系为中心构建的社会关系，而整个国家便是此一人、彼一人建立的社会关系网。作为一个人，从出生的那一刻起便进入一个从内而外、从家庭到社会的关系网之中，且这一生都要生活在这些关系之中。至于中国为什么会形成关系型社会，其中一个非常重要的原因是，"人们在长期的博弈中选择了关系作为解决交易问题的重要手段，而这种选择与交易费用有关。当人们开始利用关系来解决各种交易问题时，关系作为一种制度安排就不断被强化，关系运用成功的例子使越来越多的人支持关系——而这反过来又会导致关系作为制度安排被进一步强化，于是关系社会就形成了。"① 因此，也可以说"关系"是中国社会结构最基本的性质，它永远作为"背景"或是"底色"存在于我们的研究活动之中，任何的研究过程都不可能跳跃这个基本的社会结构。

中国自古就是一个"关系型社会"，在现实生活中，人们往往利用亲、熟、信而行事。当然，我们必须承认，无论在任何社会中，追逐利益都是人类社会行为的最基本内容之一，而人们追求利益并非是在一个与世隔绝的环境中，在追求利益的过程中不可避免地会与其他人发生关系，也因此可以说，"关系型"社会的核心是"利益"。在更多情况下，关系被认为是在再分配经济体制中人们追逐自身利益的一种行动策略。在现代社会中，企业作为市场中的微观主体，也同样生存于各种各样的关系中。拥有某种"关系"就意味着可以以相对较低的交易成本获取某种社会资源，因此，构建社会关系网对于企业来说也是至关重要的。虽然在我国改革开放之后，市场经济体制逐步得以确立，市场在资源配置中的基础地位日益加强，但是由于长期受到计划经济体制的影响，大政府的影子在社会中并没有完全挥去。对于企业来说，政府环境是其面临的最重要的环境之一，与政府之间建立良好的关系也成为企业最重要的战略之一。因此，与政治之间建立良好的关系即构建政治关联，在很大程度上影响着企业的生存和发展。

3.1.2　政治关联形成：基于政治市场的分析

政治关联的建立要以政治市场的存在为必要条件，政治市场同我们所熟悉的商品市场一样存在着市场的供给方与需求方，接下来，我们来分析政治市场的基本要素。

（1）政治市场的供求双方。

在商品市场中，商品的生产者为市场的供给方，而消费者为市场的需求方。商品的生产者利用技术、劳动力等生产要素将原材料加工生产为产品，然后再将产品投放于商品交易市场提供给商品的需求方。而政治市场的需求者主要是企业及相关利益集团，不同的需求者有着不同的政治需求，如国家的政策

---

① 董志强. 中国为什么形成关系社会？［J］. 中国机电工业，2010（4）.

优惠等。这些政治需求通常与一些组织相结合，如联盟、协会等，因此，政治市场中的需求者与其他需求者之间既有可能是联盟伙伴也有可能彼此是竞争对手。政治市场的供给者通常指的是政府，包括各项政策、法律、法规等制定者，及行政部门的监管者等。按照现代民主社会常用的文官分类制度，政治市场的供给者可以分两大类，即政务型的供给者及事务型的供给者，前者多是由直接或间接的选举产生的，而后者主要是通过考试等途径选拔产生的。根据我国的政治体制背景，我们着重考虑政务型的供给者。

（2）政治市场中的交换。

在商品市场中，市场的本质是为商品交换的供给者与需求者提供交易的场所，因此可以说，交换是商品市场存在的基础与关键。并且在商品市场中，供给者通过向需求者提供产品而获得利润。政治市场与商品市场相同，即存在着相同形式的供给者与需求者，也同样为政治市场的供给者与需求者提供无形的交易场所。商品市场与政治市场的比较如表 3 - 1 所示。在政治市场中，需求者通过向供给者渗透自己的偏好，并付出一些资源如选票或金钱之类的来争取到对自身有益的政策，而政治市场的供给者则需要足够的选票及资金来保证自己在选举中获胜并扩大自身拥有的权力以及获得经济、政治收益。这就说明了，政治市场的供给者与需求者之间存在着市场交换的基础，而这种市场交换的基础也成为供给者与需求者之间建立关联的基础。

表 3 - 1　　　　　　　　　　　　商品市场与政治市场

市场	供给者	需求者	市场形式	产品	交换形式
商品市场	商品生产者或服务提供者	产品或服务的消费者	有形或无形	产品或服务	货币交换
政治市场	政策制定机关 权力机关	企业 利益集团	无形	政策、法规	资源交换

（3）政治市场中的竞争。

在商品市场中，竞争可以对供给者和需求者产生不同影响，而竞争程度也影响着消费者剩余与生产者剩余。在政治市场中也同样存在着竞争，但是政治市场中的竞争更多地体现在需求者之间的竞争，因为对作为政治市场中需求者的企业而言，其实现政治诉求的概率越高，政治市场的吸引力越大，反之，则政治市场的吸引力越小，在政治诉求屡屡不被实现的极端情况下，政治市场的需求者将会退出市场，而此时政治市场也会不复存在。如同在商品市场中一样，商品的需求者之间的激烈竞争会造成产品供不应求的局面，进而使得商品的需求者需要支付更高的价格来获得所需商品。政治市场也是如此，政治市场的需求者都期望有利于自身的政策出台，从该项政策中获得政治、经济收益。当市场中存在着众多的需求者时，每位需求者竞争成功实现政治诉求的概率就会下降，也就意味着，需求者支付的政治诉求的实现成本在上升。因此，对于政治市场的需求者来说，总是希望市场的竞争程度更低一些，这样需求者试图去塑造公共政策的成本会较低且成功的可能性会较高。

由此可见，政治关联作为一种特殊的商品存在于无形的政治市场中，而政府与企业分别是政治关联的供给方与需求方。政治关联的构建不仅取决于供求双方之间的博弈，还取决于政治关联需求方之间的博弈。

3.2
企业政治关联的动机分析

3.2.1　企业与政府：基于利益相关者的视角

20 世纪 30 年代，资本主义经济危机的爆发使西方国家无一例外的遭遇了经济大萧条，面临严重的经济衰退，各国政府纷纷加强政府干预推出反危机措施。在经济严重萧条的当时，凯恩斯主义经济理论开始盛行，并取代了古典经济理论占据主流经济学地位，政府干预经济的思想开始被西方国家所重视。为了加快经济复苏的步伐，政府需要通过一系列的措施对市场进行干预，并注重协调政府与市场的关系。而作为企业来说，政府是其最主要的外部环境，与政府建立良好的关系也成为企业最重要的战略之一。政府对企业的影响主要体现在政府的政策、法律等制定方面，例如，政府可以通过行政体制对企业的生产、销售等各个环节进行监督，可以通过财政体制影响企业的税收，还可以通过法律体制为企业的监管提供立法。一旦政府制定建立某种体制，就会对企业形成约束力，企业就必然严格遵守。政府进行市场干预的目的就是保证资源配置的有效性及公平性，促进国民经济发展、增进社会福利，这在很大程度上离不开微观市场主体的良好运行。为数众多的中小企业的健康发展有利于政府宏观调控目标的实现。然而，对于中小企业而言，政府是其面临的最重要的外部环境，如何协调好自身与政府之间的关系也是中小企业非常重要的战略之一。政府制定不同的政策、法规会影响不同的利益群体，因此，作为市场主体的企业常常会通过政治活动来影响政府政策的制定与形成。如果政府政策的制定是建立在民主协商的基础上，那么企业将会积极地参与民主协商，成为自身利益的代言人，参与政府政策的制定与形成，影响政府的决策。

在处于转型时期的我国，计划经济体制下的痕迹还未完全清除，政府也没有完全摆脱全能政府或大政府的形象。对于企业来说，面临着众多的利益相关者，包括政府、股东、供应商、顾客、员工、执行管理人员和社区（Wallace，1995）。但是，在众多利益相关者中，政府是企业面临的最重要的利益相关者，政府不仅可以通过立法来保证企业群体的利益，也可以通过相关的产业政策导向影响企业的发展方向，还可以通过各种行政管制来对企业进行监管，政府的行为会给企业的生存发展带来巨大的影响。在我国改革开放之前，在实施计划经济体制的情况下，政府对生产、消费、分配的各个环节都起着决定性的作用，价格机制被计划指令所取代，而市场机制被行政分配所取代，政府在任何资源的配置中都起着十分重要的决定作用。虽然在改革开放的浪潮中，社会主义市场经济体制逐渐建立，但是政府仍然掌握着许多资源配置的主动权，政府对经济的干预及对企业的干预仍然比较频繁。

作为政府来说，发展本国经济始终是最重要的责任之一，而地方经济的增长也往往成为地方政府政治绩效考核的关键因素。在这种背景下，地方政府为了取得较好的政治绩效必然会致力于发展地方企业，为了更好、更顺利地完成各种经济指标，地方政府会给当地的企业设置各种优惠政策，从这个角度来看，政府与企业之间存在着某种相互依赖的关系。同时，政府通过颁布各种政策、法规等，可以为某些企业的发展带来巨大的生机，但与此同时，也会给企业的生产发展带来一些不确定性。再加之，在转轨时期，我国的各项法律、法规、制度等还不够完善，监管机制还不太健全，政府官员的各种行为很难得到规范，政府侵害产权的事情时有发生，企业建立政治关联可以在很大程度上对企业形成一种保护。

从企业的信贷融资角度来看，建立政治关联可以作为一种信号传递给银行等金融机构，缓解银企之间的信息不对称及中小企业的融资困境。关于中小企业的融资困境问题，最具代表性的观点是信息不对称。该观点认为，中小企业之所以存在融资瓶颈，是因为在发生借贷业务时，银企之间存在信息不对称，企业对自己的经营状况以及信贷资金投资风险有清晰的认识，而银行却很难获得真实信息。这种信息不对称迫使银行处于利润最大化的考虑而不得不采取信贷配给，造成有信贷意愿的中小企业无法获得银行信贷支持。其中，最具影响力的是施蒂格利茨和韦斯（Stiglitz & Weiss，1981）的 S - W 模型，该模型认为，银行的预期收益受贷款利率影响的同时还受到借款人偿还风险的影响，故其预期收益 $E(S)$ 不会随着利率的提高而提高，而是一条后弯的曲线，而高的利率又容易引发逆向选择及道德风险，因此，中小企业难以受到银行等金融机构的青睐，遭遇严峻的融资困境。如果中小企业可以建立政治关联，政治关联作为一种优质企业的信号就可以传递给银行，在很大程度上改善了银企之间的信息不对称的局面，缓解了中小企业的融资瓶颈约束。因为，我们通常情况下认为，能够与政府之间建立政治关联的企业，多为经营效益较好且在地方甚至是全国范围内声誉较高的企业，该种类型的企业在进行信贷融资时会被银行等金融机构贴上优质企业的标签，银行等金融机构也会因中小企业能够与政府之间建立政治关联而对该类型的企业的自身经营状况与信用状况做出较为乐观的评价。从这个角度来讲，政治关联实质上作为了一种优质企业的信号，在中小企业面临融资需求时将优质企业的信号传递给银行等金融机构，达到顺利获取信贷资源的目的。

在发展中国家，尤其是处于转轨时期的经济体，金融抑制的现象较为普遍，政府直接或间接的信贷管制很难形成真正意义上的竞争、有序且发达的金融市场，在这种情况下，信贷资源的配置权很大程度上取决于政府，而非取决于市场供求关系。这种特点又进一步放缓了金融市场化的进程。如此的恶性循环无疑使得"强位弱势"的民营中小企业面临更为严峻的融资约束。这种现象在我国也不例外。金融市场化程度低的地区，金融资源的配置权更多的掌握在政府手中，而非市场手中。我国在改革开放以前，政府一直都是唯一的投资主体，企业获得资金的唯一途径就是政府的财政拨款。这种局面虽然在改革开放之后被打破，但是我国融资体制倾向国有经济的基本导向却始终没有改变。我国的金融体系是以国有银行为主体，长期以来，商业银行歧视非国有经济，为追求利润最大化和控制风险而实施"抓大放小"的策略，把信贷投放的重心放在国有大型企业。而中小企业往往由于自身存在着规模小、风险高、财务制度不健全等特点加深了银企之间的信息不对称，开展中小企业信贷业务违背了商业银行利润最大化的经营目标,因此,中小企业在信贷市场上很难受到银行青睐。在这种制度环境下,中小企业建立政治关联可以作为一种信号传递给银行等金融机构,降低银企之间的信息不对称,帮助中小企业获得信贷融资。

3.2.2 民营企业政治关联的行为动机

(1) 扩大经济利润。

马克思曾经说过,"人们奋斗所争取的一切,都同他们的利益有关。"① 这就说明,追求利益是人类一切社会活动的出发点和落脚点。利益从本质上讲,属于社会关系的范畴,它是通过人与人之间复杂的社会关系而体现出的各不相同的需求,各不相同的需求就形成了各式各样的利益。但是通常情况下,人们的利益可以分为两类,即经济利益与政治利益,且经济利益是一切利益需求的最本质的属性,政治利益是经济利益的延伸和派生,也可以说,人们追求政治利益的根本原因是对经济利益的渴求。在社会中,人们往往先去谋求政治利益,然后利用政治权力来为经济利益的获取扫清障碍,所以说,任何阶级斗争与党派斗争的最终目的是经济利益的斗争。民营经济是一种资产归私人占有、存在雇用劳动关系、以盈利为目的的经济组织,其性质决定了民营经济产生的目的是追求私人利益最大化,其任何经济行为与非经济行为的出发点都是对经济利益的追求,民营企业家的任务就是追求利润的最大化。这种对经济利益的追求也源于激烈的市场竞争,因为企业的经济实力在很大程度上决定了其竞争力。民营企业家希望通过与政府之间构建政治关联,来帮助其获得更多的社会资源,不断壮大自身的经济实力。许多研究表明,政治关联对企业而言是一种十分有价值的政治资源,可以在很大程度上帮助企业获得政治权利支配下的特许权,影响企业的经营业绩。例如,建立政治关联的企业更容易进入政府管制的行业中,政府管制行业中的企业在该行业中形成垄断势力并获得垄断利润。并且,建立政治关联的企业能够较为快速地获取政府政策导向,或者可以在某种程度上引导政策的制定,通过有利的政策来保证企业获得较好的经营业绩(Agrawal & Knoeber, 2001)。菲斯曼(Fisman)在 2001 年的研究表明,在苏哈托总统在任期间,与其有密切联系的企业可以获得税收减免(如其儿子经营

---

① 中共中央马克思恩格斯列宁斯大林著作编译局. 马克思恩格斯全集(第 1 卷)[M]. 北京:人民出版社,1972:82.

的企业），这在很大程度上降低了该类企业的经营成本，提高了企业的经营业绩。政治关联对企业经营方面有着正向的促进作用。因此，民营企业建立政治关联的首要动机是追求经济利益。

（2）寻求政治保护。

政府的政策对企业的经营状况与绩效水平有着十分重要的影响，因为政府的政策在很大程度上塑造着企业的外部环境，而企业经营过程中面临的不确定性的主要来源是政府与政府的政策。国外的大型跨国公司在各国不遗余力地推行本土化的战略，其中重要的一项战略是与政府部门建立良好的关系，希望能够为企业的发展谋求良好的外部环境。对于我国的民营企业而言，企业构建政治关联的重要动机之一是试图创造有利于自身发展的公共政策环境，以避免或减少在经营过程中所遇到的种种制度障碍。当然，寻求政治保护的动机是私营经济发展之初就有的，但按照经济基础决定上层建筑的历史唯物主义原理，民营企业政治关联的诉求是随着民营经济的壮大而愈发强烈。我国的民营经济在一个较为特殊的历史背景下产生与发展的，自其产生初期就一直处于姓"资"姓"社"的激烈争论之中。随着改革开放的不断推进，尽管政府在不断地认可民营经济在国民经济中的重要地位，但是与国有企业相比，民营企业面临着诸多的歧视，难以在市场中真正地参与公平竞争。这种歧视主要体现在社会资源的获取、市场准入、税收等方面。并且面对某些地方政府的乱摊派、乱罚款及乱收费，民营企业更是显得无能为力。虽然，社会主义市场经济体制方向的逐步确立在不断地降低政策及行政管理的不确定性，但民营企业经营环境的不确定性仍未完全消除。因此，为了减少及避免自身在发展中遇到的种种桎梏，较好地保护自身的合法权益，民营企业开始寻求发展的保护伞。再加之民营经济的不断壮大，将其政治诉求付诸实践的能力也在不断地提高，希望政治关联能够成为自身的一种非正式的保护机制。这种保护机制可以在很大程度上减少民营企业在经营过程中遭遇的政治不确定性及行政管理的不确定性。尤其是处于转轨时期的我国，这种"保护伞"的作用体现得更为明显。

（3）提高政治地位。

在我国，民营企业家长期以来都是受压抑、被歧视的群体，甚至是被阶级斗争消灭的对象。这种观念在人们心中久久不能挥去，使得民营企业家在政治上无地位可言，难免会产生自卑感。随着改革开放的不断推进，民营经济在国民经济中的地位日益凸显，在促进经济增长、拉动就业及推动科技进步方面起着举足轻重的作用。但是提起民营企业，人们往往还将其与"剥削"联系在一起，民营企业家尤其是民营中小企业主很难得到与其经济地位相匹配的社会地位。再加之，确实存在一部分素质低下、品质恶劣的中小企业主，为了谋求经济利益而不择手段，如生产假冒伪劣产品、危害食品安全、拖欠员工工资等行为，在社会上产生了十分恶劣的影响，这部分中小企业主严重影响了民营企业家的整体形象。在这种情况下，原本由于历史因素，人们对民营企业家的社会认同感就不高，加之有损形象的事件屡屡曝光，使得民营企业群体在社会中的整体评价不高。潘允康以天津市 271 名个体及私营企业经营者为样本，对他们在经济方面及政治方面的自我映像进行调查，当问及对于"个体或私营企业主对中国经济发展有很大贡献"的说法时，有 71.6% 的被调查者认为同意或非常同意该说法。当被问及"您认为人民对个体或私营企业主的评价十分高"时，只有 5% 的被调查者表示同意该说法，18.4% 的被调查者表示有些同意①。这就说明，他们在经济地位上对自己较为肯定，而并不认为社会上对他们也予以肯定，从某些方面也反映出民营企业家的社会地位与其经济地位不对称。因此，民营企业家希望能够得到与其经济地位相匹配的政治地位，希望获得社会的认可、社会的尊重。所以说，民营企业家试图提高自身的政治地位也是其构建政治关联的一个重要的动机。

（4）体现社会责任。

作为市场主体的企业，"经济人"的本质特征决定了其生产、经营行为的目的是追求利润最大化。利益相关者理论认为，企业作为社会经济系统内的一个单元，在追逐自身利益的同时，难免会受到其他利益相关者的牵制，因此，企业不得不考虑其他利益相关者的利益，制定单一的利润最大化目标可能不会有利于企业的长远发展。所以，兼顾自身利益及其他利益相关者的利益的过程会在无形中体现社会责任。从社会责任理论的角度来讲，"与个人获取社会资本一样，企业承担其一定的社会责任实际上就是一个为将来获取更多的企业社会资本的投资过程。"② 那些主动承担社会责任的企业会受到投资者和消费者更多的青睐，因此，承担社会责任可能帮助企业更好地实现经济目标。随着我国市场经济的不断发展，民营经济的不断壮大，民营企业家政治参与的动机也会上升到企业家体现社会责任的高度。企业会出于"追求有利于社会长远目标

---

① 潘允康.新兴个体和私营者阶层的发展与心理透析［J］.江苏社会科学，2000（9）.
② 许崇正等.民营经济与制度环境［M］.北京：中国经济出版社，2008：365－366.

而履行义务，其社会责任主要在于引导公众塑造新的道德标准和价值观念，企业通过履行义务来推动整个社会的经济发展"①。而此时的民营企业家构建政治关联时，更多的是将自身定位于对社会负责的角色，并希望可以将自身企业发展的有益经验推广给更多的人，希望将自身关于社会发展的一些建议纳入相关法律、法规中，体现企业的社会责任。虽然目前这种体现社会责任的政治关联动机在民营中小企业中不具有普遍性，但是随着社会主义市场经济的不断发展、企业的不断发展壮大，这种动机在未来将会成为一种趋势。

3.3

民营企业政治关联的特殊性

改革开放以后，我国的民营经济开始复苏，各地区城乡个体经济的发展带动了民营经济的复苏。在党的十二届三中全会以后，民营经济获得了较快的发展，其中一个非常重要的表现就是乡镇企业异军突起。邓小平同志的南方谈话为民营经济带来了发展的浪潮，尤其是党的十五大明确提出非公有制经济是社会主义市场经济的重要组成部分，又进一步推动了民营经济的快速发展。至此，民营经济才从体制外纳入体制内，在国民经济中有了明确的地位。而党的十六大提出"毫不动摇地鼓励、支持和引导非公有制经济发展"，并且把民营企业家及技术人员称为是中国特色社会主义事业的建设者，这在很大程度上消除了民营企业家的后顾之忧，使得民营经济进入了快速发展的时期，并且很快成为国民经济不可或缺的重要组成部分。可以看出，民营企业的发展与国家相关政策是紧密联系的，在姓"资"与姓"社"问题没有得到较好的解决时，民营经济的发展会遇到较大的桎梏。因此，民营经济的发展严重地受到制度背景、政策法规的影响。其实正是因为市场经济体制的不健全与不完善，民营企业在很多情况下需要通过自身去冲破不利于发展的各种制度束缚来为其发展谋求保护。而当市场经济体制发育相对健全时，市场可以作为民营经济发展的一种保护机制。在转轨时期的中国，政府在社会资源配置中的作用仍然比较强大，民营企业希望通过构建政治关联来作为一种替代性的保护机制，以便为自身的生存与发展谋求有利的条件。因此，民营企业构建政治关联具有很强的主

---

① 陈乃醒，傅贤治，白林. 中国中小企业发展报告（2008～2009）［M］. 北京：中国经济出版社，2009：471 - 472.

动性。

当然，政治关联并非是民营企业所特有的，国有企业也同样会积极地构建政治关联，也同样希望受到政府的保护。但是，国有企业的政治关联与民营企业的政治关联在内涵上却有着本质的区别。从某种程度上讲，国有企业的政治关联具有内生性，是与生俱来的。目前，我国的国有企业大多已经进行了股份制改革，但是由于国有企业的领导人往往是通过政府指派任命的，这种政府主导下的高管任命必然会产生国有企业与政府之间的政治关联，并且在国有企业的高管十分在乎自身的政治前途。在这种情况下，国有企业构建的政治关联其实是体制内的关联，因此说具有内生性。这与民营企业的政治关联具有本质的区别。民营企业的政治关联主要目的是为了应付政府政策不确定性的影响，试图为企业争取到"国民待遇"，为企业的生存与发展建造一种非正式的保护机制。因此，民营企业构建政治关联的意识与倾向较国有企业更加强烈，且需要更高的构建成本。

3.4

本章小结

本章首先基于关系型社会及政治市场的视角探讨政治关联的形成，然后又从利益相关者的视角分析政府与企业之间的关系，进而归纳企业构建政治关联可能存在的动机。并且，结合我国转轨时期的特殊背景研究国有企业政治关联与民营企业政治关联的不同，探讨民营企业政治关联的特殊性。为下一章分析民营中小企业特殊的外部融资约束及其对非正式保护机制——政治关联的寻求奠定基础。

第 *4* 章

民营中小企业信贷融资约束
及政治关联的寻求

4.1

民营中小企业的"强位弱势"

中小企业在各国经济发展中都处于举足轻重的地位，在推动地方经济发展、增加政府财政收入、加快技术创新、扩大就业等方面都有着不可磨灭的作用。德国称中小企业是"德国重要经济支柱"，美国将中小企业称为"美国经济的脊梁"。然而，中小企业融资问题却是一个国际性的难题，也一直是各国政府、学术界讨论的热点话题。早在 20 世纪 30 年代，人们就发现中小企业在发展过程中存在融资困境，把其面临的融资缺口称作"麦克米伦缺口"。尽管"麦克米伦缺口"现象是一个世界性的普遍现象，但是目前它的存在已成为我国众多中小企业生存发展的首要壁垒，关系着中小企业的生死存亡、社会的安定和谐。

4.1.1 中小企业存在的合理性：基于经典理论的阐释

关于中小企业的生存与发展问题，在西方经济学学术界产生了许多经典的理论阐释。其中主要有以下几种观点：

第一，经济进化理论。最早将达尔文生物进化论应用于市场微观主体方面研究的是马歇尔（Marshall，1891），他认为，企业的生存和发展也同样具有一定的自然法则，即任何企业都会遵循着由生存到发展，再由发展到衰退的路径，而这一路径正是企业的生命周期。并且马歇尔认为，这一自然法则必然会导致中小型企业取代大型企业而生存在市场中。随后潘罗斯（Penrose，1955）沿着马歇尔关于企业生存自然法则的思路，对企业的最优规模问题进行研究，他认为，对于企业而言，并不存在最优规模，任何企业都会从较小规模到较大型模型最后到衰退这样一个不断循环的进程。穆勒（Jone Stuart Mill）的研究发现，中小企业与大型企业相比，并非像人们想象中的那样不具有竞争性，例如中小企业具有较强的适应性就是其很大的一个优势，可以帮助中小企业展开对大型企业之间的竞争。舒马赫（Schumacher，1973）从生态环境的角度来分析中小企业的优势所在，他认为，大型企业往往存在高污染及高能耗的特点，而中小企业由于资金及资源缺乏的特点，在环境污染和能源消耗方面远不及大型企业，因此，他认为，中小企业的发展是有利于自然、有利于人类的。

第二，规模经济理论。1931 年，罗宾逊（Austin Robinson）在其著作《竞争的产业结构》中就企业的规模收益展开了论述，他认为，企业的规模收益曲线并非一直递增的，而是会存在一个拐点，也就是说，较大的规模未必能使企业达到收益最高且成本最低，反而中小规模往往可以作为最优规模。施蒂格勒（Stigler，1958）研究发现，对于某一行业内的企业而言，最优企业规模不是一个固定的点，而是一个区间，并且对于该行业的企业来说，存在着蝴蝶型的长期平均成本曲线，因此，企业只要在最优的规模区间内确定适度的规模就可以实现较低的长期平均成本。日本学者末松玄六（1971）从企业竞争优势的角度来分析企业的最适度规模，在他的分析中，明确区分了可以使企业达到最大收益的适度规模与可以使企业达到最大效率的适度规模，并且指出，能够让企业达到最大效率的适度规模才能让其具有竞争优势。

第三，产业分工理论。1965 年，美国学者斯坦利和莫斯（Staley & Morse）以美国的企业为样本，对产业与企业规模之间的关系进行了实证研究，他们的研究结果发现，产业与企业适度规模存在着匹配性，即不同的产业会有着不同的最优企业规模。并且他们还进一步总结出美国有八类产业比较适合中小规模的企业去经营，认为在这样的产业中中小规模的企业较大型企业更具竞争优势。日本研究企业组织理论的学者太田一郎认为产业分两种：一种是对大型设备、高额资金等有着较高要求且生产出的产品具有产量大、品种少特点的产业，该种产业称为集中性产业；另一种是对大型设备、高额资金具有较小的需求且生产的产品为集中性产业的加工部件、品种多的产业，该种产业称为分散性产业。集中性产业适合大型规模的企业生产，而分散性的产业适合中小型企业生产。

第四，信息经济理论。信息经济理论认为，大型企业在工业革命时代由于受到规模经济的影响而在国民经济中占据着主导地位。而信息技术革命的到来使得大型企业在经济中的主导地位逐步的削弱，因为信息技术革命使人们更加关注个性化的需求，这也迫使企业的生产方式更加注重个性化，而工业革命时代占据主导地位的大型企业的生产方式也面临着巨大的转型压力。大型企业更多地选择以一部分自身业务向中小规模的企业外包这种方式来转变标准化的生产方式。因此，中小企业的地位在信息化时代会日益增强。

4.1.2   民营中小企业的战略地位解析

对任何一个国家而言，中小企业都是国民经济的重要组成部分，尤其是在市场经济国家中，中小企业在国民经济中的举足轻重的地位更为明显，在促进经济发展、扩大就业、推动技术进步、激活市场经济方面发挥着大型企业无法替代的作用。也正是如此，任何一个经济体都十分重视中小企业的发展。

（1）民营中小企业是促进经济发展的引擎。

与大型企业相比，中小企业尽管在规模、资金、管理等方面在市场竞争中处于不利地位，但是从数量及贡献度方面却有着大型企业无法比拟的优势。据有关数据显示，"截至 2013 年底，我国实有各类市场主体 6062.38 万户，同比增长 10.33%。"① 我国在工商部门注册的企业中，"中小企业的数量占全部企业数量的 99%，对我国的国民生产总值的贡献度超过 60%，对税收的贡献度超过 50%。"② 数量巨大的中小企业成为国民经济及区域经济发展的主要引擎，在促进我国税收增收方面也发挥着重要的作用，因此，中小企业被称为我国经济发展中最具活力的市场主体。不仅如此，在经济发展缓慢甚至是经济萧条的时候，中小企业在抑制经济衰退、促进经济复苏方面也起着十分重要的作用。在美国金融危机之后，奥巴马政府致力于扶持中小企业的发展，并把中小企业

---

① 中华人民共和国商务部.2013 年我国市场主体突破 6000 万户［EB/OL］. http：//www. mofcom. gov. cn/article/difang/yunnan/201401/20140100460585. shtml，2014－01－15.

② 光明网．两会·数字［人大篇］：中小企业对我国的 GDP 的贡献超过 60%［EB/OL］. http：//politics. gmw. cn/2013－03/13/content_6993021. htm，2013－03－13.

称为美国经济的中坚力量，希望通过政府采取一系列的措施来发展壮大中小企业进而来推动美国经济的增长。

（2）民营中小企业是扩大就业的助推器。

随着市场经济的不断发展及工业化进程的不断前进，相对于大型企业而言，中小企业在拉动就业增长方面的作用日益凸显。因为大企业发展的方向是资本密集型，而非劳动密集型，因此，大型企业不断发展的结果是资本与技术代替劳动力。中小企业在吸纳就业方面具有天然的优势，由于其数量庞大且绝大部分企业属于劳动密集型。英国经济学家古德格亨（Gudghin）于1979年通过英国企业对就业的吸纳能力研究表明，在英国拉动就业增长的是中小企业，而不是规模大、资金雄厚、技术先进的大型企业。同时，在经济衰退的时候，就业减少主要出现在大型企业中，而非中小企业。在我国有数据显示，中小企业提供的城镇就业岗位占80%。同时，随着我国城镇化的不断发展，大批的农村剩余劳动力向城镇转移，在这个过程中，为数众多的民营中小企业发挥着重大的作用，吸纳大批的农村剩余劳动力，成为我国扩大就业的助推器。

（3）民营中小企业是推动技术进步源泉。

大型企业由于具有规模大、资金雄厚等特点，在技术研发的资金支持方面及抗风险能力方面有着天然的优势，而中小企业在技术创新方面也有着专业化程度高、机制灵活、抗压能力强等特点，使得中小企业更偏好也更容易接受创新，拥有较高的创新效率。从世界科技创新的实践成果来看，许多创新都来源于中小企业，其中，20世纪的多项重大科技创新成果都是由中小企业研发的，如速冻食品、光纤设备等。我国的中小企业完成了65%的发明专利和80%以上的新产品开发①。"在美国，小企业一直都是美国最活跃的技术创新来源，据美国的官方统计，美国小企业的人均专利产出是大型企业的16.5倍。"② 所以称民营中小企业为推动技术进步的源泉。

（4）民营中小企业是市场经济的活跃主体。

在西方经济学生产者理论中提到的市场形态，主要有完全竞争市场、垄断市场及垄断竞争市场，在这些市场形态中，完全竞争市场是最有效率的市场。

---

① 周轩千. 扶持中小微企业发展"加减法"［EB/OL］. http：//news. hexun. com/2014 – 04 –15/163927655. html，2014 – 04 –05.

② 万宇. 技术创新市场导向机制在国外，中小企业成创新温床［EB/OL］. http：//economy. southcn. com/e/2014 –01/06/content_89243050. htm，2014 –01 –06.

完全竞争市场的特点有：有众多的买者和卖者，且所有的市场参与者都是市场价格的接受者，信息是完全的，厂商可以容易地进入或退出市场等，虽然这只是理论假设中的一种市场，但是可以将其作为一种参照物来评价现实市场的效率与福利。对于一个中小企业众多的市场，我们可以将其近似的看作是完全竞争市场，因为中小企业数量众多且规模普遍较小，操控市场价格的能力十分欠缺。同时，中小企业具有投资小、经营灵活等特点，使其进入、退出市场较为容易。这些特点都决定了中小企业在活跃市场经济、促进市场竞争等方面发挥着重要的作用。

4.1.3　民营中小企业面临的资源配置体制性歧视

从社会经济发展的宏观层面上看，中小企业处于绝对的"强位"，是推动国民经济增长、增加税收、促进就业及推动科技进步的主要动力，但是其在社会中的"弱势"地位也日益突出且令人担忧，中小企业"强位弱势"主要体现在其在促进社会经济发展中的重要地位与其面临的严峻的融资困境极不对称。长期以来，我国的民营中小企业处于资源配置体制性主从次序的最底端，在社会资源获取方面难以享受与国有企业同样的待遇，就信贷资源的获取而言，民营中小企业在信贷市场上不受青睐，所遭受的信贷资源配置体制性歧视主要体现为规模歧视与所有制歧视。

（1）民营中小企业面临的所有制歧视。

我国的国有商业银行与国有企业原本的国有性质决定了国有商业银行的主要信贷对象是国有企业。商业银行的国有性质决定了政府在信贷市场的资源配置中起着关键性的作用，即政府对金融资源有着支配权。而国有企业的国有性质意味着政府占据着企业的终极所有权。所以，国有商业银行与国有企业之间的信贷交易本质上具有"内部性"，而并非是市场经济中真正意义上的交易活动。这种"内部性"的交易活动会造成约束机制的缺失，即商业银行毫无风险的放款、国有企业毫无负担的贷款，而遭受的损失则由政府买单。随着改革开放的不断推进，国有商业银行及国有企业大都进行了股份制改革，但是受到信贷惯性的影响，商业银行还是更青睐于国有大型企业，依然将国有企业作为服务的重点对象，而民营中小企业却无法享受"国民待遇"，时常遭遇国有银行的"惜贷""畏贷"，很难在信贷市场上获得生存发展所需的资金。

（2）民营中小企业面临的规模歧视。

尽管我国在不断地推进金融体制改革，且取得了一定的成果，例如国有商业银行资产集中度相对有所下降，民营金融机构在不断地发展等，但是国有商业银行在信贷市场上仍占据垄断地位，我国的信贷资源仍然高度集中于国有商业银行。商业银行以追求利润最大化为目标，民营中小企业由于规模小、经营风险高、财务制度不健全、缺乏足额的抵押物等特点常常成为商业银行"慎贷"对象，同时，商业银行对民营中小企业开展信贷业务与对国有企业开展"批发信贷业务"相比，也有着更高的交易成本。更重要的是，对中小企业发放贷款还会面临较大程度的信息不对称，容易产生信贷市场的逆向选择与道德风险，使商业银行面临较高的信贷风险。商业银行出于自身利润最大化目标及稳健性经营目标的考虑，更倾向于开展大型企业的信贷业务，从而减少了投放于中小企业的信贷资源。由此可见，商业银行的经营目标、机制与中小企业高风险的特点存在着较大的矛盾，使得民营中小企业在信贷市场面临着"规模歧视"。

4.2

民营中小企业的"麦克米伦缺口"

4.2.1 "麦克米伦缺口"理论溯源

1929 年，资本主义经济大危机爆发使西方工业国家无一幸免地遭遇经济大萧条。面对严重的经济衰退，各国政府纷纷加强政府干预，推出反危机措施。英国政府首先从金融业和工商业入手，成立了以麦克米伦爵士（Harold Macmillan）为首的"金融产业委员会"，负责对英国的金融业和工商业展开调查。该委员会经过深入的调查研究于 1931 年提交了著名的《麦克米伦报告》，该报告阐述了在英国现有的金融制度下，中小企业在生存发展中存在的融资困境。此后，人们把中小企业面临的资金缺口称作"麦克米伦缺口"（macmillan gap）。

关于中小企业融资缺口的成因问题，最具代表性的观点是信息不对称。该观点认为，之所以存在中小企业融资缺口，是因为在发生借贷业务时，银企之间存在信息不对称，企业对自己的经营状况以及信贷资金投资风险有清晰的认识，而银行却很难获得真实信息。这种信息不对称迫使银行出于利润最大化的考虑而不得不采取信贷配给，造成有信贷意愿的中小企业无法获得银行的信贷支持。其中，最具影响力的是斯蒂格利茨和韦斯（Joseph Stiglitz & Andrew Weiss，1981）的 S－W 模型，该模型认为，银行的预期收益受贷款利率影响的同时还受到借款人偿还风险的影响，故其预期收益 E(S) 不会随着利率的提高而提高，而是一条后弯的曲线。如图 4－1 所示，较高的贷款利率会引发道德风险和逆向选择而导致银行收益下降。因此，如图 4－2 所示，银行在进行信贷活动时会选择能使其利润最大化的利率 R_1，而不会选择使市场出清的利率 R^*，在 R_1 的利率下，银行信贷供给曲线 S 对应的信贷供给额为 M_1，资金需求曲线 D 对应的信贷需求额为 M_2，显然（$M_2－M_1$）为信贷缺口即麦克米伦缺口。在 S－W 模型中，利率的调整无法使信贷市场出清，而是会出现信贷配给均衡，产生信贷供求缺口。该模型的主要贡献在于，从信息不对称导致逆向选择和道德风险的角度阐述了信贷配给是市场主体的理性选择，缺陷在于，把利率作为唯一的内生变量，而没有考虑贷款合约中的非利率因素。

关于如何消除信贷市场中的信息不对称以及防止麦克米伦缺口的产生，不少学者认为，抵押品在信贷市场中对信息不对称提供保证，成为信贷活动的正向激励。若把抵押品也作为内生变量加入信贷合约中就可以消除信贷市场上的信贷配给，即达到信贷市场出清，信贷资金的供求缺口将不复存在。对抵押品在信贷市场中的作用，论证最为深入的是贝斯特（Hulmut Bester，1985），他认为，在发生信贷业务时，借款者若能提供足够的抵押品就能消除银企之间的信息不对称，防止逆向选择和道德风险的产生，从而使信贷市场出清，有意愿获得贷款者就可以获得银行的信贷支持。

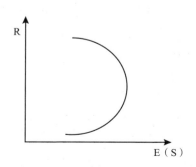

图 4 －1　银行的预期收益曲线

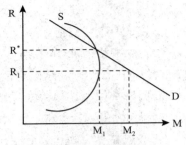

图 4 - 2　信贷融资缺口

由此可见，信贷配给是市场的内生机制，也是银行理性选择的结果。银行拒绝中小企业信贷要求的根本原因是中小企业信息不透明、经营风险大，如果中小企业可以与银行建立良好的长期合作关系，让银行了解自身的经营状况与企业信息，就可以避免信息不对称的产生，消除融资缺口（Greenbaum & Thakor, 1993；Boot & Thakor, 1994）。较具有代表性的是伯杰和安德尔（Berger & Udell, 2002）的研究，表明企业与银行建立长期关系在贷款时可以提供较少的抵押物，从而很大程度上降低企业之间的交易成本，提高融资效率。

国内不少学者都赞同中小企业融资缺口产生的实质是信息不对称导致的市场失灵。从经济学的角度来讲，市场失灵的直接结果是经济资源不能实现有效配置，还存在帕累托改进的可能性。若要在一个存在市场失灵的经济中实现资源的帕累托最优，那么政府干预将是必然选择。因此，政策性金融将是破解我国中小企业麦克米伦缺口的治本之策（白钦先，2003）。还有学者从制度经济学的角度分析麦克米伦缺口存在的原因及治理途径，认为中小企业存在融资缺口的主要原因是银企之间的交易成本过高，徐洪水（2001）通过对宁波市中小企业个案的实证研究，发现由于中小企业群体信用的缺失以及银行的收益、激励不对称等原因使得银企之间交易成本过高，理性的银行出于利益保护必然采取不贷或少贷的策略，所以，降低银企交易成本才能破解麦克米伦刚性缺口，实现银企双赢。

4.2.2　"麦克米伦缺口"现实特征

（1）中小企业经营状况恶化，内源融资渠道更加受阻。

2008 年的金融危机是自 20 世纪 30 年代"大萧条"以来最为严重的一次

危机，很多国家都卷入了这场危机的旋涡之中，给全球经济造成了巨大的冲击。我国的中小企业尤其是出口外向型企业受到国际金融危机的严重影响，即国内外市场需求缩减，经营情况不断恶化，同时，原材料成本和人工成本居高不下，再加之人民币总体处于升值通道，使得"高成本时代"的中小企业盈利能力急剧下降。据民建中央企业委员会与中国企业家调查系统进行的《2011年千户民营企业跟踪调查报告》，调查结果显示："2011 年上半年，'亏损'或'严重亏损'的民营企业占 22.1%，比 2010 年提高了 8.9 个百分点，略低于 2009年；'收支平衡'的占 18.8%，'较大盈利'或'略有盈余'的占 59.1%。"① 数据表明，我国超过 40% 的民营企业是没有盈利的。由中国社科院工业经济研究所和中国经营报联合发布的《中小企业发展全景调查报告 2012》显示：金融危机过后，经营环境的复杂多变直接影响到中小企业的盈利能力，对于企业来说，直观的表现是净利润的增长未能与营业额增长同步。"在调查的企业当中，有 67% 的企业实现了营业额的增长，而其中实现净利润增长的企业占51%"，这说明，有一部分企业存在营业额增长而净利润下降的情况。同时，该报告还显示，大部分企业营业额的增长是源于销售量的增加，而非产品价格的上涨，所以净利润很难实现增长。然而，导致企业净利润增幅收窄的原因主要是劳动力成本和生产成本的节节上升，调查显示，"60% 以上的企业人均工资支出增长超过 10%，原材料成本普遍上涨 6% ~ 20%。"② 在这种形势下，我国中小企业十分有限的盈利空间决定了其很难依靠内源融资来弥补融资缺口。实际上，一直以来，我国的中小企业都有规模小、管理落后、自身积累不足等特点，这些特点制约着中小企业把自身经营结果产生的资金即留存收益转化为投资的能力，再加上近年来严峻的国内外经济、金融形势，使得我国中小企业内源融资渠道更加受阻。

（2）金融机构风险意识增强，信贷融资渠道愈加不畅。

目前，我国的信贷体系以四大商业银行为主体，信贷量占全部信贷总量的75%。商业银行以追求利润最大化为目标，一直以来，商业银行的服务对象都是国有大中型企业。中小企业由于存在较大的经营风险和信用风险，再加之中

---

① 新浪财经.《2011 年千户民营企业跟踪调查报告》发布［EB/OL］. http：//finance. sina. com. cn/hy/20111021/092210663995. shtml，2011 - 10 - 21.

② 新浪财经. 部分企业主对经营环境悲观［EB/OL］. http：//finance. sina. com. cn/roll/20120614/185712315970. shtml，2012 - 06 - 14.

小企业自身经营规模小、资金实力薄弱等特点，无法提供满足要求的抵押物和担保机构要求的反担保物，商业银行不愿意开展中小企业业务，中小企业很难从商业银行获得信贷支持。金融危机爆发以后，银行等金融机构增强风险防范意识，在贷款业务上更加谨慎，因为信贷资源在后危机时代更加稀缺，导致信贷市场上的"惜贷"现象更加严重，中小企业进行信贷融资的门槛不断提高。在进行信贷审核时，商业银行往往以大企业的标准来衡量中小企业，使得大部分中小企业无法满足贷款的条件。出于放贷风险的考虑，银行在开展信贷业务时对企业提供的实物抵押品、企业规模、信用记录等方面的审核更为严格，甚至还需要详尽地调查企业发展规划、管理者自身素质等方面。尤其是对劳动密集型、出口加工型等传统制造业中的中小企业更为严苛，然而，我国大部分中小企业都属于该类传统制造业，这就使得原本在信贷市场上就不受青睐的中小企业融资困境更为加剧。中国人民银行公布的《2013年上半年金融机构贷款投向统计报告》显示，截至2013年6月末，银行等金融机构向中小企业的贷款总额占全部企业贷款总额的28.6%，可见，占全国企业总数98%以上的中小企业仅占据着28.6%的贷款资源，而剩余不到2%的大型企业占据着71.4%的金融资源。中小企业的数量与其在国民经济及社会中的重要地位极不对称。这近4000万家企业中仅有10%的中小企业能从银行等金融机构获得资金支持，而其余90%的中小企业根本无法触及银行等金融机构。

（3）政府实施中性偏紧的货币政策，融资成本悄然上升。

政府可以通过调整法定存款准备金率来控制金融机构的超额准备金的数额，进而达到控制其信用创造能力的目的。国际金融危机之后，面对经济急速下滑的严峻形势，央行于2008年下半年曾4次降低存款准备金率。但是，近年来，为缓解通胀和流动性过剩的压力，我国一直实施稳健但实质偏紧的货币政策，2010~2011年，曾连续12次上调存款准备金率。中小型金融机构存款准备金率从13.5%提高至17.5%，大型金融机构存款准备金率从17.5%提高至21.5%。存款准备金率的提高降低了货币市场的流动性，直接导致银行信贷资金规模减小。从利润最大化和控制风险的角度分析，银行将更加严格地实施抓大放小的信贷策略，这对于原本就受歧视的中小企业来说，无疑是雪上加霜。同时，中性偏紧的货币政策致使银行信贷资源变得十分稀缺，在银行等金融机构中开始频繁地出现"钱荒"局面，这就使原本稀有的信贷资源更难以配置到中小企业群体中去，同时，信贷资源的稀缺性会迫使价格自然上升，表现为银行贷款利率的悄然上升。还有些金融机构居然趁机牟利，贷款利率上浮竟高达 30% ~ 50% ，使得中小企业不得不承受更高的信贷融资成本，许多中小企业一度出现了资金链紧绷、融资艰难、无法承受高昂融资成本、濒临破产等危机。在"中国式钱荒"背景下，高融资成本经营使得原本盈利能力就不强的中小企业苦不堪言，面临生死危机的考验。

（4）非正规金融市场监管缺失，民间信贷融资引发危机。

民间金融是麦克米伦缺口的长期存在与我国四大商业银行垄断下的必然产物。民间金融在中小企业信贷业务上较正规金融有更大的优势，它没有复杂的审批手续及昂贵的交易成本，可以满足中小企业融资量少、频率高、无抵押担保等特点，在推动我国民营经济发展上起着一定的作用。但是，民间金融长期游离于政府、法律部门的监管之外，受我国信贷紧缩政策及供求关系的影响，常常会出现利率飙升的现象。由于民间金融自身具有隐蔽性和无序性，没有系统的监管体制和风险控制机制，蕴藏着巨大的信用危机。有数据显示，"目前我国的中小企业通过国有商业银行贷款的平均利率约 8% ，通过股份制银行贷款的利率平均超过 10% ，而通过民间金融贷款利率高达 35% 。"① 国际金融危机使得中小企业面临前所未有的生存困境，企业从正规金融机构难以获得信贷支持，为解燃眉之急被迫求助于民间借贷。而民间金融的利率远高于正规金融，所以信贷融资成本远高于正规金融融资成本，又使企业陷入高成本负债经营的旋涡之中。这种恶性循环无疑加大了民间信贷融资风险，出现多米诺骨牌效应，引发 2011 下半年民间借贷风波"老板跑路潮"。2013 年上半年，银行等金融机构遭遇前所未有的流动性紧张，银行信贷不断收紧，甚嚣尘上的"钱荒"使得中小企业对民间金融的需求激增，更加推动了民间金融市场的繁荣，民间借贷利率不断飙升。缺乏有效监管又十分活跃的民间金融市场暗藏着巨大的风险，极易引发恶性案件，危害社会的和谐稳定。

4.3

民营中小企业信贷融资约束下的制度掣肘

制度通常情况下被称为一种社会规则，这种规则也可以称为社会个体之间

---

① 程连红. 民间借贷融资利率高达 35% ［EB/OL］. http：//www. cs. com. cn/xwzx/03/201112/t20111218_3174342. html，2011 – 12 – 18.

进行博弈时所共同遵守的准则。曼特扎维诺斯（Mantzavinos，2004）在其著作《个人、制度与市场》（*Individuals，Institutions，and Markets*）中提出，"制度是社会博弈的规则，它通过法律或者决定人们的相互关系的其他社会控制机构来实施。制度提供一个或多或少较为持久地解决冲突的平台来（部分地）解决社会中的协作问题，是个人能够采用的可遵循之道解决他们问题的策略。"[①]当然，社会博弈规则是人们进行有序经济活动的基本保证。良好的制度环境可以在很大程度上避免经济出现混乱，可以极大限度地提高人们对未来经济活动预期的信心，同时降低交易成本，提高交易效率。然而，不少学者认为，目前我国民营中小企业信贷融资最重要的外部约束是银企之间的信息不对称，以及转轨时期我国信贷市场机制的不完善。因此，针对民营中小企业面临的信贷融资约束，我们重点讨论信贷市场的社会信任掣肘与资源配置的非市场化掣肘。

4.3.1　信贷市场的信息不对称掣肘

信任（trust）是人与人交往过程中的一种态度和心理，它是以道德为基础的，对未来不确定行为的一种合理性预期。从经济学的角度来讲，信任被认为是人们在经济活动中长期重复博弈的理性选择。古典经济学认为，信任是无关紧要的，因为古典经济学建立在信息是完全的假设之上，认为市场交易主体的理性自利选择会达到经济社会的帕累托最优。然而，信息完全在现实生活中是不存在的，信息完全的假设遭到学者们的普遍质疑。人们逐渐意识到，信息总是不充分、不完全的，交易主体即使支付成本也很难得到完全的信息，况且，人也并非是完全理性的，信息不对称总会导致逆向选择和道德风险的产生。而信任可以成为交易双方的一种有效的制度安排，在很大程度上减少交易双方的信息不对称，降低交易成本及监督成本，促使交易双方合作的产生。如果交易双方缺少信任，在交易发生之前需要搜寻大量的信息，以避免因交易前后出现逆向选择和道德风险而使自身的经济利益受到损害。并且，社会信任的缺失会造成市场交易的混乱无序，降低经济效率。

社会信任是健康、有序的市场经济的基石，同时也是企业融资交易顺利进

---

① 曼特扎维诺斯著，梁海音，陈雄华和帅中明译. 个人、制度与市场［M］. 长春：长春出版社，2009：65.

行的保障。如果没有社会信任，则市场主体之间的交易将无法开展，同时，如果没有投资人、融资人之间的相互信任，企业融资将无法进行。在信贷市场上，投资人对融资人的信任度将对融资行为是否发生产生着决定性的影响，信任的存在为信贷市场上资金使用权的有偿让渡提供了可能性。在中小企业信贷融资中，银企之间良好的信任可以促使双方建立稳定的心理预期，在很大程度上降低了由于信息不对称而产生的逆向选择和道德风险，银行可以减少事前考察及事后防范成本，企业则可以通过良好的信用记录顺利地获得生存发展所需资金。无疑，较低的社会信任环境不利于该地区市场交易的顺利开展、不利于该地区经济的快速发展，只会导致不断增加的交易成本；而较高的社会信任环境可以保证市场交易的顺利进行、降低交易成本、实现经济的良好运行。因此，建立良好的社会信任不仅是破解民营中小企业融资约束的途径，更是保证民营中小企业信贷融资顺利进行的保证。长期以来，我国民营中小企业由于"先天不足"而存在着经营风险大、财务制度不健全等特点，难以满足银行开展信贷业务需要的信用要求。加之部分中小企业逃废债务的事件屡屡发生，如2011 年温州民间借贷引发的老板"跑路潮"，涉案金额达到了几千万甚至是几个亿的规模。"跑路潮"的扩散效应使民营中小企业群体形象受损，导致授信部门对民营中小企业产生"畏贷"心理，进一步加剧了中小企业信贷融资困境。

4.3.2　资源配置的非市场化掣肘

虽然经历30 余年的改革开放，我国的市场经济体制改革取得了瞩目的成就，但就目前而言，我国还存在资源配置的非市场化掣肘，主要表现为市场化程度相对较低。而市场化程度的衡量指标一般是政府与市场的关系、金融市场化程度以及私有产权的保护程度。在转轨时期的我国，政府对市场还存在较多的干预，金融市场化程度还相对较低，私有产权的保护程度还有待加强。

（1）政府对市场存在较多的干预。

在改革开放之前，我国实行计划经济体制，政府在资源配置中起着十分重要的作用。经过30 多年的改革开放，我国建立了社会主义市场经济体制，基本实现了计划经济体制向市场经济体的转变，但是，由于受到传统体制的影响，现阶段，市场经济发展的体制还不够成熟，政府支配市场的方式和手段还没有彻底的改变，尤其是对一些重要资源的支配力仍然十分强大。政府在调节经济、纠正市场失灵的同时，存在政府职能"缺位""越位""错位"的现象。不可否认的是，在转型时期，政府的干预在规范经济行为、维护经营环境等方面有着十分积极的作用，对社会经济发展及微观经济主体的良性竞争及发展壮大有着非常显著的影响。但是客观地讲，政府职能"缺位""越位""错位"使政府出现了"该管的不去管""不该管的去管""该管的不会管"的现象，这在很大程度上导致政府干预在产生"帮助之手"的同时，也产生了"掠夺之手"。这种"掠夺之手"表现为，政府的官员通过利用其手中的权力对企业施加不必要的管制，借此向企业尤其是民营企业来索取贿赂，或是任意地向民营企业索要罚款，甚至可以随意地终止民营企业的经营活动、生产活动。由于相关法律制度的不健全、行政体制改革的不彻底等原因，使得政府权力的实施缺乏有效的社会监督，存在着政府对经济的过度干预，政府对企业尤其是民营企业"乱摊派""乱收费"的现象以及一些向企业索贿的现象还时有发生。因此，也不得不承认，政府在市场经济中的过多的干预，会在很大程度上降低经济效率，也造成市场经济的参与主体产生过多的经济损失，影响市场主体正常高效的追求经济利益。

（2）金融市场化程度相对较低。

美国经济学家罗纳德·麦金农（Ronald Mckinnon）和爱德华·肖（Edward Shaw）最早研究金融制度环境对经济增长的作用。麦金农的研究发现，发展中国家普遍存在着金融抑制的现象，也就是说，政府过多的干预金融活动会抑制金融体制的发展，金融体制的发展受到阻碍又会反过来抑制经济的发展，从此金融、经济的发展就陷入恶性循环中。同时，肖提出了金融深化的概念，即取消政府对金融活动和金融体系的干预就可以促进金融发展，进而促进经济的发展，从此金融、经济便会进入良性循环中。然而，在发展中国家，尤其是处于转轨时期的经济体，金融抑制的现象较为普遍，政府直接或间接的信贷管制很难形成真正意义上的竞争、有序且发达的金融市场。在这种情况下，信贷资源的配置权很大程度上取决于政府，而非取决于市场供求关系。这种特点又进一步放缓了金融市场化的进程。如此的恶性循环无疑使得"强位弱势"的民营中小企业面临更为严峻的融资约束。这种现象在我国也不例外。金融市场化程度低的地区，金融资源的配置权更多地掌握在政府手中，而非市场手中。我国在改革开放以前，政府一直都是唯一的投资主体，企业获得资金的唯一途径就是政府的财政拨款。这种局面虽然在改革开放之后被打破，但是，我国融资体制偏向国有经济的基本导向却始终没有改变。虽然，随着改革开放的不断推进，我国的金融体制及金融体系也发生了重大的变化，基本上建立了多类型、多元化的金融体系，但是，现有金融机构的信贷偏好并没有发生根本性的变化。我国的金融体系仍是以国有银行为主体，商业银行对非国有经济存在歧视与偏见，为了追求自身利润最大化和控制经营风险，"抓大放小"的经营策略并没有发生根本性的变化，信贷投放的重心仍然在国有大型企业。这种体制在很大程度上影响了我国金融资源的市场化配置，使得民营经济面临严峻的融资环境。

（3）私有产权的保护程度有待加强。

我国的市场中介组织发育相对滞后，在某种程度上也制约着我国社会主义市场经济的发展。目前，我国的市场中介组织存在着服务不到位、功能不完善、体制不健全等问题，同时，还存在着对行政主管机关依附性强、运行活力不足的问题，并且，对于一些规模相对较大的中介机构，在市场中极易形成垄断力量，这些问题都在一定程度上制约着中介组织的服务能力。对于许多转型时期的经济体而言，都存在法律体系不健全的特点，尤其是对私有产权保护的法律法规存在欠缺。这就在很大程度上加大了民营中小企业在生存和发展中所遭遇的不确定性，导致其面临较大的经营风险。如果存在健全的私有产权保护机制，企业与企业之间、企业与债权人之间存在的经济纠纷就会借助于正规的法律机制来解决，而不必要通过政府来解决。目前，我国法律体系在民营经济发展方面还存在一些空白，对于现有的一些法律、法规也存在着缺乏实际可操作性等不足。同时，某些地区还存在着有法不依、执法不严的问题，尤其是在有关法律法规与地方部门的重要利益冲突的情况下。随着中国特色社会主义市场经济体制的逐步完善，我国现有的一些法律法规的适应性大打折扣，这也对我国与市场机制相配套的有关法律法规有待完善提出了现实要求。

4.4
民营中小企业非正式保护机制的寻求：政治关联

4.4.1　民营中小企业寻求政治关联：基于理性选择的视角

美国斯坦福大学经济系教授罗纳德·麦金农和爱德华·肖于 1973 年提出

了著名的"金融抑制""金融深化"理论。该理论认为，在发展中国家普遍存在着金融抑制现象，即政府过多的干预金融活动，从而使得金融体制的发展受到抑制。其非常重要的一个表现就是政府在信贷资源配置中具有十分重要的决定权。要减小金融抑制对金融体制发展的阻碍作用就要进行金融深化，即取消政府对金融市场的干预。改革开放之后，我国政府在社会管理、宏观调控中起着主导作用，同时，又是中国特色社会主义市场经济体制的培育者。当然，政府的干预在规范经济行为、维护经营环境方面有着十分积极的作用，但是在产生"帮助之手"的同时也产生了"掠夺之手"。同时，与许多其他的处于转轨时期的经济体类似，我国法律体制的改革明显缓于经济体制的改革，针对私有产权保护方面的法律法规还不完备，同时在执法方面也存在力度不够等问题，这就导致了民营企业产权在很大程度上得不到有效的保护，民营中小企业难以利用法律、法规来保护自己的产权。同时，也正是由于缺乏完善的私有产权保护机制，企业相互之间或者是企业与债权人之间存在经济纠纷时，往往会通过政府官员而非法律程序来解决。这些都注定了政府是企业面临的最重要的外部环境。因此，政治关联可以作为一种非正式的保护制度，避免政府的"掠夺之手"、避免企业因经济纠纷而遭遇的不公平待遇。并且，这种非正式的保护机制可以在很大程度上提高自身产权的安全性，扭转民营中小企业在社会中，尤其是在信贷融资方面遭遇的所有制歧视及规模歧视，降低民营中小企业因缺乏相应的产权保护机制而产生的经营风险的同时降低民营中小企业获得银行信贷资源的难度。长期以来，我国的民营中小企业无法同国有企业一样享受国民待遇，在社会资源获取方面存在明显的劣势，加之缺乏完善的市场机制来保证较高的金融市场化程度以及较高的私有产权保护程度，民营中小企业很难在现有的制度中获得生产、发展所需的社会资源，而通过活跃于政坛的方式提出该阶层的利益诉求，构建一种非正式的保护机制成为民营中小企业在不健全的制度背景下的理性选择。

4.4.2 民营中小企业政治关联的构建途径

西方国家有学者将企业高管是否曾在政府部门工作过作为区分企业是否具有政治关联的标准（Betrand，2004）。有学者将政治关联定义为企业的高管或股东与国会议员或其他政府官员及政党有密切联系（Faccio，2006）。还有学者将政治关联界定为企业高管与国家领导人具有家族关系（Fisman，2001）。显然，由于国家制度及社会文化背景的不同，有些界定方法不适用于中国。政治关联从本质上讲是一种特殊的政企关系，其表现形式因国家政体而异。在西方国家，政治关联的一个非常重要的表现形式是国家政府官员是企业的股东。然而，对于正处于转轨时期的中国而言，中共中央纪检委有明确的规定，即禁止政府领导及其家属有涉商行为。随着改革开放的不断推进及市场经济的不断发展，民营经济的发展引起了政府、学术界的关注，国家对非公有制经济的扶持力度也在不断加大。与此同时，民营企业家的阶层意识也逐渐产生。越来越多的民营企业家在经济实力不断增强的同时，参政欲望也在不断地增强。在中国政治体制下，民营中小企业建立政治关联的主要形式是企业的董事长或总经理通过当选人大代表或政协委员来进行参政议政，为其表达民营企业主的阶层意识及维护合法权益提供了机会。当然，民营企业家广泛地参政议政也是我国推进政治民主化的一项重要体现。

我国宪法明确规定："中华人民共和国的一切权力属于人民。人民行使国家权利的机关是全国人民代表大会和地方各级人民代表大会。"人民代表大会是我国公民参与政治的主要渠道，民营企业家可以通过当选人大代表来参与到国家的政治生活中，例如可以参与宪法和法律法规的制定、参与国家机关负责人的选举和罢免、参与国家重大问题的决定等，在制定与民营企业群体利益相关的各项政策法规时可以表达本阶层利益。而人民政协虽然不属于国家机关，但是却是一个具有广泛代表性的统一战线组织，具有政治协商和民主监督的重要作用。民营企业家当选为政协委员，就意味着可以通过政治协商的渠道参与政治决策，在这个过程中也可以提出自己关于本阶层的利益诉求。在我国，民营中小企业构建政治关联的途径主要是企业家当选人大代表及政协委员，当然，政治关联的构建途径还有委任退休官员在企业内担任要职或通过亲戚、朋友、同学等关系与政府官员建立联系等，但是该种类型的政治关联难以清晰地界定。为了本书经验分析中政治关联界定的明晰性需要，仅考虑企业家通过当选人大代表、政协委员的途径构建政治关联的形式。

4.5

本章小结

本章重点研究了民营中小企业面临的融资约束，首先从经典理论的角度阐述了中小企业存在的合理性，其次分析了民营中小企业的"强位弱势"，即在国民经济中的重要地位以及其面临的资源配置体制性歧视。并且着重分析了我国民营中小企业的融资缺口即"麦克米伦缺口"，以及对当前我国民营中小企业信贷融资约束下的制度掣肘进行了探讨。最终得出结论，政治关联是民营中小企业寻求非正式保护的理性选择，因为民营中小企业在社会信任欠缺、市场化程度不高的外部融资环境中，依靠现有的制度环境无法保证其获得生存、发展所需要的社会资源，而不得不寻求一种非正式的保护机制来帮助其获得信贷资源。

第 **5** 章

民营中小企业政治关联对信贷
融资影响的实证检验

　　无论是在经济全球化浪潮汹涌袭来的 20 世纪 80～90 年代，还是在国际金融危机阴霾尚未散尽的后危机时代，数量庞大的中小企业始终都是世界各经济体的经济发展引擎及稳定器，在经济社会中处于极具重要且独特的地位。在我国，改革开放 30 多年来，民营中小企业也逐步发展成为经济体系中不可或缺的一部分，成为我国经济、社会发展的新亮点和推动力。据有关资料显示，"目前我国民营中小企业总数占全国企业总数的 99% 以上，对我国 GDP 的贡献在 60% 以上，对税收的贡献在 50% 以上，并且提供了 80% 的城镇就业岗位及 82% 的新产品的研发。"① 然而，我国民营中小企业在经济增长与社会发展中的地位逐渐增强的同时，其在高速发展中所面临的融资约束也日益凸显出来。

　　早在 20 世纪末，德米尔古克（Demirguc－Kunt）和马克西莫维奇（Maksi－Movic，1998）的研究就表明了外部融资对于企业的发展以及整个国民经济的发展都有着至关重要的作用。并且，贝克（Beck，2000）通过实证研究发现，企业获得的外部融资额同国民生产总值之比与该国的生产率的增长、资本积累的程度以及个人储蓄率都显著的正相关。因此，可以看出，民营中小企业外部融资如此重要之地位与其面临的严重的融资约束极不相称。在我国，资源配置的体制性主从次序使民营中小企业不仅面临"所有制歧视"，而且还因民营中小企业抵押价值小、财务制度不健全及信息不对称等先天不足因素而受到"规模歧视"。民营中小企业在发展过程中无法处于平等的市场地位。以信贷资源为例，中国人民银行公布的《2013 年上半年金融机构贷款投向统计报告》显

---

　　① 马骏. 中小企业占中国企业数量的 98% 以上［EB/OL］. http：//finance. sina. com. cn/hy/20120426/100211929864. shtml，2012－04－26.

示，2013 年上半年，我国银行等金融机构向民营中小企业的贷款总额仅占全部企业贷款总额的 28.6%。也就是说，有 71.4% 的企业贷款都流向了终极控制人及所有者为政府的国有企业。然而，在面临所有制与规模双重歧视的背景下，我国民营中小企业通过正常的机制、市场化的途径无法获得经营发展所必需的生产要素时，就会寻找一种能替代正常机制，通过非市场化的途径来克服不利于自身发展的制度与机制。例如，民营企业家可以通过参政议政来获取一定的政治地位来改善正常市场化机制背景下严峻的融资环境。

国内外许多研究都表明，政治关联在缓解企业融资约束方面有着积极的作用。菲斯曼（Fisman，2001）从寻租的视角来解释政治关联对企业融资的影响，认为政治关联是一种非常有价值的资源，企业可以通过政治关联来获得有利的政策及稀缺资源，并且这种寻租行为会直接影响企业的盈利能力及企业价值。克拉艾森斯、菲杰恩和拉埃文（Claessens，Feijen & Laeven，2008）的研究发现，当企业通过捐赠的形式获得政治关联之后，其银行贷款率得到了提高。还有研究表明，建立政治关联的企业不仅能面临较少的外部融资约束，在遭遇财务困境时还可以较无政治关联的企业优先得到政府的经济救助（Faccio，Masulis & Mcconnell，2006）。查若米林德、卡利和韦沃坦康（Charumilind，Kali & Wiwattanakantang，2006）也发现，有政治关联的企业较无政治关联的企业容易获得银行的长期借款，原因是政治关联被认为是一种有政府保证的抵押物，在进行长期借款申请时该类企业会更受银行的青睐。但是也有学者认为，企业谋求政治关联实质上是一种寻租行为，会导致社会资源配置无法达到帕累托最优，可能会对经济发展产生负面影响（Fishman，2002；Johnson & Mitton，2003）。国内学者也在不断尝试对该问题的研究，胡旭阳（2006）以浙江省 2004 年民营百强企业为样本，对民营企业创始人的政治身份与其进入金融业之间的关系展开了研究，实证结果表明，政治关联作为一种优质企业的信号可以有效地减少民营企业进入金融业的壁垒，并有助于提高企业的资本获得能力。罗党论、甄丽明（2008）通过对深沪证券交易所民营上市公司 2002～2005 年的财务数据进行实证研究，发现民营企业的政治关联确实可以减轻其面临的融资约束，并且这种效应在金融发展水平越低的地区越明显。还有学者侧重于研究政治关联作用于企业融资的微观作用机理。于蔚、汪淼军、金祥荣（2012）认为，该机制的核心是政治关联可以产生"信息效应"和"资源效应"。"信息效应"是指政治关联可以充当信号传递功能，降低银企之间的信息不对称;"资源效应"是指政治关联可以直接提高民营企业的信贷资源获得能力,缓解其外部融资约束。

不过遗憾的是,目前尚且没有针对民营中小企业的研究及政治关联对民营中小企业的作用机理。因为,目前针对该问题的实证研究的样本均来自我国主板市场的企业,该类民营企业仅是我国众多民营企业中规模较大的企业,以该类型的企业作为样本得出的实证结果难以适用于我国数量庞大的民营中小企业,并且民营中小企业较大型民营企业面临更为严峻的"规模歧视"与"所有制歧视",因而,民营中小企业才是真正的融资重灾区。所以,本章试图以中小企业板上市公司为样本,探讨政治关联对民营中小企业信贷融资的作用机理,并通过实证检验来全面考察政治关联及民营中小企业信贷融资约束之间的内在关系,寻找缓解民营中小企业融资约束的有效途径。

5.1

理论与假设

1984 年,斯图尔特·梅耶斯(Stewar Myers)发表了《企业知道投资者所不知晓信息时的融资和投资决策》,同年又与迈吉卢夫(NiCholas Majluf)合作发表了《资本结构之谜》。这两篇论文从企业与投资者信息不对称的角度来分析企业的融资决策,认为企业在面临融资决策时首先会选择交易成本为零的内源融资,其次选择交易成本相对较低的债务融资,最后才会选择面临较多信息约束、存在企业价值被低估且交易成本较高的股权融资,这一理论被称作"优序融资理论"。然而,就我国而言,融资制度是以间接融资为主导的,股权融资与债券融资对于我国绝大多数民营中小企业来说门槛过高,根本无法触及,只有信贷融资才是众多民营中小企业最具可行性的融资渠道。所以,民营中小企业的融资难其实主要体现为信贷融资难。然而,由于银行等金融机构长期以来对非国有经济持歧视态度,加之民营中小企业规模小、资信水平低、财务制度不健全等特点,使得民营中小企业无法获得银行的青睐。此外,银企之间的信息不对称也成为民营中小企业信贷融资的重要梗阻,因为银行根本无法成功的区分优质企业和劣质企业。当然,在较为成熟的金融市场中,可以通过完善的信用评级机构及审计机构等将企业的真实信息传递给银行,来缓解银企之间的信息不对称。但是,目前我国缺乏完善的第三方认证体系,在这种不健全且受歧视的制度背景下，如果民营中小企业通过建立政治关联就可以把自身是优质企业的信号传递给银行等金融机构，这就在很大程度上减少了银企之间的信息不对称，缓解了优质民营企业的融资约束。

本章借鉴斯宾塞劳动力市场模型（Spence，1974）来探讨政治关联在信贷市场中的信号传递功能。假设信贷市场上存在一个资金供给者——银行，一个资金需求者——企业，在该市场中，存在着银企之间的信息不对称，即企业清楚地知道自己的经营状况及风险水平，但银行却不知道。假定该模型为两期模型，分为第Ⅰ期和第Ⅱ期，且企业第Ⅰ期预期收益的权重为（1 - a），第Ⅱ期预期收益的权重为 a。企业的收益服从 [0，r] 区间上的均匀分布，优质企业的企业主具有较强的经营管理能力，且选择项目的风险较小，因此其 r 较高。而劣质企业的企业主经营管理能力较为低下，且所选项目面临较大的风险，因此具有较小的 r。同时，企业主对自身的收益 r 有较为清晰且准确的预期，但是对于银行来说，无法准确地了解到企业的收益 r，只知道 r 的概率分布。在第Ⅰ期，银行通过将自身的特征 x（例如包括企业规模、财务质量、企业主的个人素质及与政府之间的关联），同时，x 也被看作是企业融资后的还款能力，它作为一种信号传递给银行，银行根据观察到的信号来决定是否进行放款。

对于企业主来说，效用函数的条件是最大化公司价值，也就是最大化两期的预期收益，假设 f1(x) 为企业在第Ⅰ期的预期收益，在第Ⅱ期当企业项目失败时将无法归还银行贷款，同时其声誉将受到影响，以后将很难从银行再次获得贷款，假设企业的破产成本为 d，x/r 为企业项目失败的概率。设企业价值最大化的目标函数为：

$$u(x,\ f1(x),\ r) = (1 - a)f1(x) + a\left(\frac{r}{2} - \frac{dx}{r}\right) \tag{5.1}$$

在信贷市场上，银行可以观察到企业公开的信息 x，且银行根据 x 可以预期企业的收益为 r(x)，进而可以得出企业价值的预期函数。即：

$$f1(x) = \frac{r(x)}{2} \tag{5.2}$$

为了能使企业在信贷市场上通过信号传递让银行对其经营能力及项目风险做出较为准确的判断，我们只考虑分离均衡，验证该模型是否能满足斯宾塞 - 莫里斯分离条件。

让 u(x、f1(x)、r) 先对 r 求偏导可得：

$$\frac{\partial u(x, f1(x), r)}{\partial r} = \frac{r}{2} + \frac{adx}{r^2} \tag{5.3}$$

由式（5.3）再对 x 求偏导可以得到：

$$\frac{\partial u(x, f1(x), r)}{\partial x \partial r} = \frac{ad}{r^2} \tag{5.4}$$

由于 a 为企业第 Ⅱ 期预期收益的权重，$0 < a < 1$，且 d 为企业的破产成本，$d > 0$，所以：

$$\frac{\partial u(x, f1(x), r)}{\partial x \partial r} = \frac{ad}{r^2} > 0$$

这表明该模型能够满足斯宾塞－莫里斯分离条件，说明银行可以通过企业特征 x 将优质企业与劣质企业区分开来。将 $f1(x) = \frac{r(x)}{2}$ 代入 $u(x, f1(x), r)$ 可得：

$$u(x, f1(x), r) = (1-a)\frac{r(x)}{2} + a\left(\frac{r}{2} - \frac{dx}{r}\right) \tag{5.5}$$

令其对 x 求导可得：

$$\frac{\partial u(x, f1(x), r)}{\partial x} = \frac{(1-a)}{2} \times \frac{\partial r(x)}{\partial x} - \frac{ad}{r} \tag{5.6}$$

令其一阶偏导等于 0 可以得到：

$$\frac{\partial r(x)}{\partial x} = \frac{2ad}{r(1-a)} \tag{5.7}$$

在实现均衡的条件下，银行可以通过企业特征 x 来对其预期收益 r 做出正确的判断，对于企业主来说，x(r) 也是企业能成功获得信贷资源的最优选择，即 $r(x(r)) = r$，所以 $\frac{\partial r(x)}{\partial x} = \left[\frac{\partial x}{\partial r}\right]^{-1}$

因此，可以得到：

$$\frac{\partial x}{\partial r} = \frac{(1-a)r}{2ad} \tag{5.8}$$

所以，

$$x(r) = \left[\frac{(1-a)}{4ad}\right] \times r^2 + c \tag{5.9}$$

其中，c 为常数。由上式可以得出 $r = 2\sqrt{\frac{(x-c)ad}{(1-a)}}$，又因为 $f1(x) = \frac{r(x)}{2}$，可以得出：

$$f1(x) = \sqrt{\frac{(x-c)ad}{(1-a)}} \tag{5.10}$$

式（5.10）即为银行在第 Ⅰ 期对企业的预期收益，也即为在第 Ⅰ 期银行考虑是否放款给企业时所需要的企业的预期价值。

由式（5.10）可以看出，银行预期的企业价值受到企业特征 x 的影响，x 值越大，银行预期的企业价值越大。而对于有政治关联的企业而言，其被赋予的特征值 x 较大，银行认为该类企业的价值 f1(x) 较大，所选项目的经营风险较小，还款能力较强，因此，在获得信贷资源时将会受到较少的融资约束。而没有政治关联的企业，其被赋予的特征值 x 较小，银行认为其市场价值 f1(x) 较小，所选项目有较高的经营风险及较弱的还款能力。在该模型中，政治关联实际上是作为一种声誉机制发挥了信号传递的功能。在现实生活中，民营企业的高管通常通过争当全国、省、市、县的"人大代表"或"政协委员"来建立政治关联。然而，能获得这种政治关联的往往是那些高效率的优质企业，具备相当的经济实力与规模，对地方财政及经济发展都有着突出的贡献，并且其经营业绩受到了政府和社会的共同认可。这种政治关联的获取机制也就决定了政治关联增强了企业在社会上声誉，很大程度上减少了信贷市场上的信息不对称，在缓解企业融资约束方面起着积极的作用。因此，本章提出第一个假设：

H1：有政治关联的民营中小企业比无政治关联的民营中小企业面临较少的信贷融资瓶颈约束。

对于处于转轨时期的经济体而言，由于长期受到计划经济的影响，在经济社会资源配置诸多方面政府都占据着主导地位。虽然随着改革开放的不断推进，我国逐步确立了市场经济体制，中国特色社会主义市场经济体制得到不断完善，但是在很多方面"大政府"的影子并没有完全消除，作为社会主义市场经济体制的规划者，政府在社会经济资源配置方面的作用还有着十分重要的作用。对于民营中小企业而言，从发展初期就一直遭遇着姓"资"、姓"社"的激烈论战，虽然，随着市场经济体制的逐步确立，民营经济得到了蓬勃发展，但是，在很多方面难以享受"国民待遇"，遭遇众多歧视。尤其是在信贷融资方面，其面临的"所有制歧视"及"规模歧视"尤为明显，信贷融资困境成为民营中小企业生存、发展中的重要桎梏。随着民营经济的蓬勃发展，民营企业家追求政治地位的诉求也在不断提高，许多民营企业家通过获选人大代表或是政协委员等途径积极地活跃于政治舞台上。民营中小企业为何花费时间、精力及成本去构建政治关联？其重要的原因是，政治关联对企业而言是一种十分有价值的资源，这种资源可以为民营中小企业带来诸如信贷融资便利之类的许多好处。因此，提出本章的第二个假设：

H2：政治关联对中小企业信贷融资有着正向的促进作用。相对于无政治关联的企业，有政治关联的企业可以更容易地获得银行的信贷资源。

5.2

研究设计

5.2.1　样本选择与数据来源

由于本书的研究对象是民营中小企业，故选择深圳交易所推出的中小企业板上市公司作为研究对象，用中小企业板上市公司 2007～2012 年的财务数据及与其相匹配的高管背景资料来构建数据库，用 Stata12.0 来对理论假设进行实证检验。本书按照如下原则剔除一些样本：（1）剔除高管背景资料披露不详的样本。（2）剔除属于金融行业的样本。（3）剔除财务数据不完整或有极端值的样本。（4）剔除 2007 年 1 月 1 日以后上市的样本。最终得到 312 家中小企业板上市公司 6 年的平行面板数据即 1872 个样本企业。其中，民营中小企业财务数据来自国泰安数据库（CSMAR），而企业高管政治关联信息主要是以手工整理的方式搜集，例如通过新浪网、和讯网等个股板块来寻找公司高管，并用 google 搜索引擎查询各位企业高管的简历来获取所需要的政治关联信息。

5.2.2　变量选取

（1）政治关联。

对于政治关联的定义或者是界定，就目前而言，国内外学术界尚且没有统一的标准。通常的做法是将企业高管是否具有政治背景来作为政治关联的代理变量。西方国家有学者将企业高管是否在曾在政府部门工作过作为区分企业是否具有政治关联的标准（Betrand，2004）。还有学者将政治关联定义为企业的高管或股东与国会议员或其他政府官员及政党有密切联系（Faccio，2006）。还有学者将政治关联界定为企业高管与国家领导人具有家族关系（Fisman，2001）。显然，由于国家制度及社会文化背景的不同，有些界定方法不适用于中国。对于中国而言，民营企业家建立政治关联一般通过进入人大、政协等方式，或是聘任曾经有政府任职背景的党政官员加入企业的董事会或担任公司总经理。因此，在国内，政治关联的衡量主要是以现任的董事会成员或总经理是否是现任或曾任的人大代表、政协委员或政府官员（于蔚、汪淼军、金祥荣，2012）。或者是通过有政治背景的公司高管的人数占董事会总人数的比例来衡量政治关联（罗党论，2009）。本书认为，对于董事会及总经理对于企业来说都是最核心的成员，因此，以董事会成员及总经理的政治身份来界定企业是否具有政治关联，同时，为了更严谨且更准确地控制政治关联对企业产生的影响，本书暂不考虑以往是人大代表、政协委员，而是在企业任职期间是人大代表、政协委员的身份。因此，本书符合以下条件之一的被认为是有政治关联：①现任的董事会成员及总经理是人大代表。②现任的董事会成员及总经理是政协委员。将政治关联作为虚拟变量，定义有政治关联的企业 pc = 1，无政治关联的企业 pc = 0。同时，根据人大代表、政协委员的级别对政治关联强度进行赋值评级。即国家级政治关联的赋值为 5，省级政治关联的赋值为 4，市级政治关联的赋值为 3，县级政治关联的赋值的 2，县级以下的政治关联赋值为 1。再将同一企业不同高管的政治关联赋值相加得到公司政治关联总赋值，将其作为政治关联强度的代理变量。

（2）其他变量。

本书用银行贷款率作为企业银行贷款的代理变量。并且选取中小企业板上市公司的资产规模、成长性、经营能力、盈利能力、经营活动中现金的流动性、成立年限等作为控制变量。本书研究中具体的变量定义如表 5 - 1 所示。

表 5 - 1　　　　　　　　　　变量的定义与统计性描述

变量	衡量方法	均值	标准差	最小值	最大值
银行贷款率（BL）	（短期借款 + 长期借款 + 一年内到期的非流动负债）/总资产	0.1812	0.1549	0	1.0782
政治关联（PC）	虚拟变量，董事长或总经理政治关联是为1，无政治关联时为0	0.3942	0.5357	0	1
政治关联强度（PCS）	赋值越高，代表企业的政治关联强度越高	1.9236	2.8873	0	14

续表

变量	衡量方法	均值	标准差	最小值	最大值
公司规模（SIZE）	总资产的自然对数	21.044	0.8993	18.8436	25.0561
净利润率（NIR）	（净利润/总收入）	0.4152	0.165	0.0143	1.2970
资产收益率（ROA）	净利润/总资产	0.0623	0.0708	-1.1888	0.4638
主营业务增长率（MOIG）	（本期主营业务收入－上期主营业务收入）/上期主营业务收入×100%	0.4634	8.2620	-0.975	355.602
净资产周转率（NATR）	销售收入/[（期初净资产总额＋期末净资产总额）/2]	1.8425	1.7388	-0.4364	25.8618
经营活动中产生的净现金流（ONC）	本期经营活动中产生的现金流入－本期经营活动中产生的现金流出	0.0124	0.0483	-0.4912	0.6588
企业成立年限（OT）	企业成立年数的对数值	2.1905	1.0448	0	23
速冻比率（QR）	（流动资产－存货）/流动负债	2.1734	3.6459	0.0056	62.27
内部积累水平（IAL）	未分配利润/总资产	0.0197	0.0077	0.0006	0.0658

5.2.3　模型设定

为了检验 H1，本书将所有的样本企业按有无政治关联分为两组，我们先来看一下有政治关联组与无政治关联组主要财务变量的描述性统计，如表 5-2 所示。可以发现，两组样本企业银行贷款率的均值差异为正值，即有政治关联的企业银行贷款率要高于无政治关联的企业。同时，资产规模、抵押价值、经营活动中产生的净现金流的均值差也为正值，这说明，建立政治关联组的企业具有较高的资产规模、抵押价值，以及会在经营活动中产生更多的净现金流。而两组样本企业的净资产周转率、主营业务增长率、资产收益率以及成立年限的均值差为负值。这说明，与无政治关联企业相比，有政治关联的企业具有较低的净资产周转率、主营业务增长率及资产收益率，且企业的平均成立年限也小于无政治关联组的企业。

表 5 – 2 分组后的样本企业主要财务变量的统计性描述

变量	有政治关联组 （N = 724，占样本总和的 38.7%）			无政治关联组 （N = 1148 占样本总和的 61.3%）			均值比较
Numerical Measures	均值	最小值	最大值	均值	最小值	最大值	均值差
BL	0.1947	0	0.7351	0.1729	0	1.0782	0.0217
SIZE	21.2168	18.8436	25.0561	20.9342	18.8475	24.1874	0.2825
NIR	0.1814	– 4.6427	35.7000	0.1088	– 1.2360	12.2800	0.0725
NATR	1.7843	– 0.3356	13.2049	1.8799	– 0.4364	25.8618	– 0.0955
ONC	0.0128	– 0.2124	0.6589	0.0122	– 0.4912	0.5555	0.0006
MOIG	0.2940	– 0.6872	13.2082	0.5706	– 0.9750	355.6020	– 0.2767
ROA	0.0619	– 0.2724	0.4596	0.0625	– 1.1888	0.4638	– 0.0006
OT	2.1843	0	10.0000	2.1950	0	23.0000	– 0.0107
IAL	0.0206	0.0007	0.0658	0.0192	0.0006	0.0414	0.0014

接下来，针对 H1 本书将待检验的回归方程设定为模型（5.11），然后对两组的民营企业分别进行检验，观察其财务变量对银行贷款率的影响有何差异，看无政治关联的企业是否存在更多的融资约束。

$$BL = \alpha + \beta_1 SIZE + \beta_2 CV + \beta_3 NATR + \beta_4 ONC + \beta_5 MOIG + \beta_6 ROA + \beta_7 OT + \varepsilon$$
$$(5.11)$$

为了检验 H2，我们采用如下面板模型（5.12）与模型（5.13）来检验民营中小企业的政治关联是否对民营中小企业信贷融资有显著的促进作用。其中，BL 为民营中小企业信贷融资的代理变量，PC 表示企业政治关联，PCS 表示企业的政治关联强度，X 为控制变量，我们选取了企业规模、净利润率、主营业务增长率、净资产增长率、总资产收益率、成立年限、速动比率作为控制变量。根据本书之前的假定，政治关联对民营中小企业信贷融资存在正向的促进作用，如果该假设成立，则检验模型（5.12）的结果中 PC 的系数应该显著为正，且检验模型（5.13）的结果中 PCS 的系数应该显著为正。这说明，政治关联对民营中小企业信贷融资有着正向的促进作用，且政治关联强度越高，对民营中小企业信贷融资的作用越显著。

$$BL_{it} = \alpha_0 + \alpha_1 PC_{it} + \alpha_2 X_{it} + \varepsilon_{it} \qquad (5.12)$$
$$BL_{it} = \alpha_0 + \alpha_1 PCS_{it} + \alpha_2 X_{it} + \varepsilon_{it} \qquad (5.13)$$

5.3

实证结果与分析

5.3.1　政治关联的异质性与信贷融资约束

我们将样本企业分为两组，根据待检验模型（5.11），对有政治关联的民营中小企业与无政治关联的民营中小企业可能面临的信贷融资约束因素分别进行检验，得到实证结果如表 5-3 所示。我们发现，两组企业资产规模、内部积累水平、净资产周转率、总资产收益率四个变量在 1% 的显著性水平下都是显著的，并且两组企业的资产规模、内部积累水平与净资产周转率与银行贷款率都呈显著的正相关，这说明，银行在配置信贷资源时更青睐于规模较大、内部积累水平较高且总资产收益率较高的中小企业。同时，两组企业总资产收益率对银行贷款率的影响显著负相关，这说明，总资产收益率较高的企业自身盈利能力较强，有较为充足的内源融资，因而对外源融资的依赖程度较低。而经营活动中产生的净现金流与企业的成立年限两个变量对企业银行贷款率的影响并不显著。并且实证结果还发现，相比有政治关联的企业，无政治关联的企业资产规模的系数、内部积累水平的系数要高于有政治关联的企业，这意味着，要想获得同样的信贷资源，无政治关联的企业需要有更大的公司规模、更高的内部积累水平及更高的净资产周转率。对于与银行贷款率负相关的总资产收益率而言，有政治关联的企业总资产收益率系数的绝对值要大于无政治关联的企业，这说明，有政治关联的企业自身盈利能力产生的内源融资对外源融资的替代作用要强于无政治关联的企业。上述实证结果分析与 H1 是一致的，即有政治关联的民营中小企业比无政治关联的民营中小企业面临更少的融资约束。

表 5-3　　　　　　　　民营中小企业融资影响因素的分组检验结果

变量	有政治关联组	无政治关联组
SIZE	0.01859 *** (3.68)	0.0256 *** (5.44)

变量	有政治关联组	无政治关联组
NIR	0. 2688 *** (9. 37)	0. 3805 *** (15. 28)
NATE	0. 0105 *** (3. 48)	0. 0190 *** (8. 73)
ONC	0. 0303 (0. 30)	0. 0734 (0. 96)
MOIG	0. 0130 (1. 94)	− 0. 0009 (− 2. 36)
ROA	− 0. 7219 *** (− 8. 48)	− 0. 4918 *** (− 9. 73)
OT	− 0. 0102 (− 1. 56)	− 0. 0017 (− 0. 54)
样本数	724	1148
F	42. 80	83. 60
R-squared	0. 2881	0. 3350

注： *** 、 ** 、 * 分别表示1% 、5% 、10% 的显著性水平。

5.3.2 政治关联缓解信贷融资约束的效应检验

下面，我们根据待检验的面板模型（5.12）、模型（5.13）来检验政治关联对信贷融资的影响。首先，对面板数据进行异方差与自相关的检验，LR 检验结果显示 P 值为 0. 0000，同时，Wald 检验结果显示 P 值为 0. 0000，因此，面板模型选择 FGLS 的方法进行检验。检验结果如表 5 - 4 所示。从模型（5.12）的结果中可以看出，PC 的系数为 0. 0079，且在 5% 的显著性水平上与信贷融资呈显著的正相关。这表明，政治关联对信贷融资有着正向的促进作用，有政治关联的企业可以更加容易地获得信贷资源。从模型（5.13）的结果中可以看出，PCS 的系数为 0. 0017，且在 1% 的显著性水平上与信贷融资呈显著的正相关。这就表明，政治关联强度对信贷融资也有着正向的促进作用，政治关联强度较高的企业可以获得较多的信贷资源。从实证结果表 5 - 4 中的（2）、（3）较好地验证了假设 2，即政治关联对民营中小企业的信贷融资有着正向的促进作用，有政治关联的企业将获得更多的信贷资源；并且政治关联强度对民营中小企业的信贷融资也有着正向的促进作用，政治关联强度越高，企业获得的信贷资源就越多。

表 5－4　　　　　　　　　政治关联对信贷融资影响的检验结果

变量	(2)	(3)
PC	0. 0079 ** (2. 43)	—
PCS	—	0. 0017 *** (2. 73)
SIZE	0. 0280 *** (12. 53)	0. 0276 *** (12. 30)
NATR	0. 0188 *** (14. 22)	0. 0188 *** (14. 28)
IAL	0. 5981 *** (23. 77)	0. 5949 *** (23. 53)
ROA	− 0. 3974 *** (− 14. 93)	− 0. 3999 *** (− 15. 02)
MOIG	− 0. 0006 (− 0. 90)	− 0. 0006 (− 0. 89)
QR	− 0. 0064 *** (− 12. 76)	− 0. 0064 *** (− 12. 82)
OT	0. 0028 (− 1. 48)	− 0. 0027 (− 1. 42)
NIR	− 0. 0013 (− 0. 35)	− 0. 0013 (− 0. 36)
ONC	− 0. 4524 *** (− 11. 04)	− 0. 4548 *** (− 9. 17)
Observation	1872	1872

注：*** 、** 、* 分别表示 1%、5%、10% 的显著性水平。

5. 4

稳健性检验

为了对上述实证结果进行可靠性的检查，本章进行如下的稳健性检验。上文在做实证分析时，将模型中表示民营中小企业信贷融资的变量——银行贷款率用银行贷款成本变量来代替，即银行贷款成本＝财务费用/贷款总额，将其作为被解释变量来分析政治关联对银行贷款成本的影响，而政治关联变量及其他控制变量保持不变来重新检验。用 BLC 来代表银行贷款成本，建立模型（5.14）、模型（5.15），同样，采用 FGLS 进行面板模型的检验，得出如表 5－5 所示的实证结果。

$$BLC_{it} = \alpha_0 + \alpha_1 PC_{it} + \alpha_2 X_{it} + \varepsilon_{it} \qquad (5.14)$$

$$BLC_{it} = \alpha_0 + \alpha_1 PCS_{it} + \alpha_2 X_{it} + \varepsilon_{it} \qquad (5.15)$$

表 5－5 中（4）的 PC 系数为 －0.0067，在 5% 的显著性水平上与民营中小企业银行贷款成本呈负相关，这说明，政治关联对银行贷款成本起反向作用，即政治关联可以降低民营中小企业的贷款成本。同时，表 5－5 中（5）的 PCS 系数为 －0.0026，在 1% 的显著性水平上与民营中小企业银行贷款成本呈负相关，这说明，政治关联强度对银行贷款成本起反向作用，即政治关联强度越高的企业，其银行贷款成本越低。模型（5.14）、模型（5.15）的实证结果表明，政治关联可以在很大程度上减少民营中小企业的银行贷款成本，且政治关联强度越高的企业，面临的融资约束越小。这也恰好从反面验证了 H1 及 H2，即政治关联可以降低银行贷款成本，从而缓解民营中小企业的融资困境，对民营中小企业信贷融资有着正向的促进作用。因此，也可以看出本章的实证结论是较为可靠的。

表 5－5　　　　　　　　　政治关联对银行贷款成本影响的检验结果

变量	(4)	(5)
PC	－0.0067 ** （－2.07）	—
PCS	—	－0.0026 *** （－3.91）
SIZE	0.0037 * （12.53）	0.0044 ** （2.51）
NATR	0.0024 *** （2.62）	0.0022 ** （2.33）
IAL	3.6651 *** （12.67）	3.7346 *** （12.42）
ROA	0.0007 （1.81）	－0.0033 *** （1.89）

续表

变量	(4)	(5)
MOIG	-0.00008 (-0.98)	-0.00009 (-0.89)
QR	-0.0040*** (-5.45)	-0.0039* (-5.29)
OT	0.0003 (0.16)	-0.0011 (0.59)
NIR	-0.0031* (1.80)	-0.0013 (-0.36)
ONC	-0.5820* (1.64)	0.0631* (1.73)
Observation	1872	1872

注：***、**、*分别表示1%、5%、10%的显著性水平。

5.5

本章小结

　　民营中小企业的发展一直是学术界、政府及社会所关注的热点问题，其融资约束问题也是各国经济发展中所共同存在的棘手难题。然而，相比其他发达国家，我国转型时期存在的制度不健全、法制不完善及市场不发达等特点对于民营中小企业的信贷融资无疑更为不利。我国民营中小企业作为市场参与者在经济活动中不仅面临着规模歧视，还面临着所有制歧视，这些歧视在金融资源稀缺的信贷市场更是体现得淋漓尽致，迫使我国的民营中小企业去寻找一种非正式的制度保护，即政治关联。这种非正式的保护机制可以帮助民营中小企业去获取市场化途径下无法获取或很难获取的信贷资源，对缓解其融资困境有着十分积极的作用。本章关于政治关联对信贷融资影响的研究得出了与胡旭阳（2006），罗党论、甄丽明（2008），于蔚、汪淼军、金祥荣（2012）等研究相似的结论，即政治关联可以缓解民营中小企业的信贷融资困境。本章的研究无疑进一步加深了对破解转型时期我国民营中小企业融资约束的认识。然而，政治关联作为一种非正式的保护机制，固然可以在一定程度上缓解民营中小企业的融资困境，但是对于民营中小企业信贷融资而言，政治关联是否可以成为一种可以推广的制度保障，以及这种融资效应的发挥是否受到一些制度背景的影响，将是需要进一步探讨的问题。

第 6 章

民营中小企业政治关联的融资效应
（Ⅰ）：基于社会信任的再检验

中小企业融资困境是一个世界性的难题。20 世纪 30 年代，西方资本主义国家无一例外地遭遇了经济危机，面临严重的经济衰退，各国政府纷纷加强政府干预推出反危机措施。英国政府首先从金融业和工商业入手，成立了以麦克米伦爵士（Harold Macmillan）为首的"金融产业委员会"负责对英国的金融业和工商业展开调查。该委员会经过深入的调查研究于 1931 年提交了著名的《麦克米伦报告》，该报告阐述了在英国现有的金融制度下，中小企业在生存发展中存在融资困境。此后，政府、学术界便开始关注中小企业融资问题，国内外学者在中小企业融资问题研究中积累了相当丰富的研究成果。许多学者认为，银企之间的信息不对称是造成中小企业融资困境的主要成因。菲斯曼（Fisman，2001）从寻租的视角来解释政治关联对企业融资的影响，认为政治关联是一种非常有价值的资源，企业可以通过政治关联来获得有利的政策及稀缺的资源。查若米林德、卡利和韦沃坦康（Charumilind, Kali & Wiwattanakan-tang，2006）也发现，有政治关联的企业较无政治关联的企业容易获得银行的长期借款，原因是政治关联被认为是一种有政府保证的抵押物，降低了银企之间的信息不对称，因此，在进行长期借款申请时该类企业会更受银行的青睐。国内学者也在不断尝试对该问题的研究，胡旭阳（2006）以浙江省 2004 年民营百强企业为样本，对民营企业创始人的政治身份与其进入金融业之间的关系展开了研究，实证结果表明，政治关联作为一种优质企业的信号可以有效地减少民营企业进入金融业的壁垒，并有助于提高企业的资本获得能力。还有学者是侧重于研究政治关联作用于企业融资的微观作用机理，于蔚、汪淼军、金祥荣（2012）认为，该机制的核心是政治关联可以产生"信息效应"和"资源效应"。"信息效应"是指政治关联可以充当信号传递功能，降低银企之间的信息不对称；而"资源效应"是指政治关联可以直接提高民营企业的信贷资源获得能力，缓解其外部融资约束。结合我国的实际情况，本节选取社会信任作为制度背景变量，以 2007～2012 年深圳交易所上市的 312 家中小企业板上市公司为样本，着重研究社会信任对中小企业信贷融资的影响，同时还研究了政治关联对社会信任的影响，以及社会信任与政治关联在民营中小企业信贷融资方面的交互作用。

6.1

理论与假设

20 世纪 60 年代以后，随着信息经济学的不断发展，越来越多的学者将信息不对称理论应用到企业融资的信贷市场研究中，为企业融资理论的研究提供了新的契机。最早将信息不对称理论运用到信贷市场的分析中的经济学家是杰斐和拉塞尔（Jaffee & Russell），他们用信息不对称产生的道德风险和逆向选择来分析信贷配给，强调事前信息不对称对信贷市场的影响。他们在合作完成的论文《不完全信息、不确定性和信贷配给》（Jaffee & Russell，1976）中，构建模型详细地讨论了信贷市场中的道德风险问题。后来，斯蒂格利茨与韦兹（Joseph Stiglitz & Andrew Weiss）在杰斐和拉塞尔研究的基础上，进一步研究了信息不对称下的信贷配给现象，在 1981 年《美国经济评论》上发表了《不完全信息市场中的信贷配给》一文，文中全面系统地分析了信贷市场上的信贷配给现象，认为信息不对称导致的逆向选择和道德风险是产生信贷配给的基本原因，并且提出信贷配给是市场主体理性选择的结果，是不完全信息市场上的一种长期均衡的现象。后来学者把斯蒂格利茨与韦兹在文中的信贷配给模型称为 S－W 模型。该模型也成为后来研究中小企业信贷融资问题的基本模型。信贷配给是金融市场主体理性选择的结果，而最根本的原因是银企之间的信息不对称使得银行无法成功地区分优质企业和劣质企业。因此，许多研究中小企业融资困境的文献都将银企之间的信息不对称作为融资困境的重要成因之一。

然而，社会信任是健康、有序的市场经济的基石，同时，也是企业融资交易顺利进行的保障。如果没有社会信任，则市场主体之间的交易将难以顺利开展，同时，如果没有投资人、融资人之间的相互信任，企业融资将无法进行。在信贷市场上，投资人对融资人的信任度将对融资行为是否发生产生着决定性的影响，信任的存在为信贷市场上资金使用权的有偿让渡提供了可能性。在中小企业信贷融资中，银企之间良好的信任可以促使双方建立稳定的心理预期，在很大程度上降低由于信息不对称而产生的逆向选择和道德风险，银行可以减少事前考察及事后防范成本，企业则可以通过良好的信用记录顺利地获得生存发展所需资金。我国民营中小企业由于"先天不足"而存在着经营风险大、财务制度不健全等特点，难以满足银行开展信贷业务需要的信用要求，再加之部分中小企业逃废银行债务的事件屡屡发生，使得民营中小企业群体形象受损，进一步加剧了其信贷融资困境。如果可以普遍建立银企之间良好的信任，就能够在很大程度上破解民营中小企业面临的融资约束。较低的社会信任环境不利于该地区市场交易的顺利开展、不利于该地区经济的快速发展，只会导致交易成本的不断增加；而较高的社会信任度可以保证市场交易的顺利进行、降低交易成本、实现经济的良好运行。因此，建立良好的社会信任不仅是破解民营中小企业融资约束的途径，更是保证民营中小企业信贷融资顺利进行的保证。因此，提出本章第一个理论假设：

H1：社会信任度较高的地区，民营中小企业面临着较少的融资约束。社会信任度的提高，有利于民营中小企业获得信贷资源。

寻租行为是指企业通过与政府建立联系，来垄断某种社会资源，得到垄断利润的一种寻利活动（Krueger，1974）。其前提是政府对正常的经济活动进行行政干预与管制，从而使得少数与政府有关联的特权者可以获得超额收入。当然，寻租行为会破坏市场竞争，造成社会资源的扭曲配置和低效率配置。并且，如果一个经济体中充斥着寻租行为，必然会导致越来越多的企业通过建立与政府之间的联系而不是通过市场竞争来获取稀缺的社会资源。对于处于转型时期的中国而言，不少稀缺的社会资源仍掌握在政府手中，以金融资源为例，尽管国有商业银行已经进行了股份制改革，但是其国有性质很难保证在发放信贷资源时不受到政治目标的主导。因此，有政治关联的民营中小企业可以通过建立与政府之间的良好关系来获取稀缺的金融资源，而无政治关联的企业必然也会积极地花费时间或金钱来建立政治关联以便获得金融资源。这就使得原本通过经营状况、诚信品质等市场竞争手段获得的金融资源变成了通过寻租行为得到政府干预或担保而获得。对于银行等金融机构来说，也无法通过分离均衡来区分优质企业和劣质企业，政治关联充当声誉机制的信号传递功能也逐渐丧失，即有政治关联的企业也未必是高效率的优质企业，这就削弱了银企之间的信任度，同时也会影响到整个社会的信任度。因此，提出本章的第二个假设：

H2：民营中小企业的政治关联会降低该地区的社会信任度，且政治关联强度越高的地区，社会信任度越低。

社会信任无论是对于一个国家的经济发展与社会进步而言，还是对单个市场参与者而言都是一种十分重要的社会资本。仅从微观层面来说，社会信任最重要的作用是可以稳定交易双方的心理预期，可以在很大程度上降低因信息不对称带给交易双方的事前搜集信息的成本及事后的监督成本等额外的交易成本。因此，社会信任度越高的地区在开展经济活动时会产生的交易成本越少。社会信任度较高的地区通常市场化程度较高、法制较健全，说明市场在资源配置中起着基础性的主导作用，该地区的企业是通过公平竞争的手段来获取社会稀缺资源，而非通过建立政治关联来获取。但是，对于社会信任度较低的地区，通常市场化程度较低、法制较不健全，政府在社会资源配置中有很强的干预和管制，该地区的企业不能通过市场竞争来获取经济资源，便会偏向于建立政治关联来获得政府的保护和帮助。因此，可以认为，政治关联与社会信任在民营中小企业信贷融资中是两种相互替代的机制。基于上述分析，提出本章的第三个假设：

H3：社会信任与政治关联对影响民营中小企业信贷融资方面存在着相互替代的关系。

6.2
研究设计

6.2.1 数据来源与变量选取

本章关于中小企业政治关联、信贷融资及其他财务数据的来源同上章。而社会信任数据主要来自张维迎、柯荣住（2002）的中国跨省信任度调查。张维迎、柯荣住委托"中国企业家调查系统"对全国 15000 多家企业，涉及全国 31 个省、自治区和直辖市，针对信任问题设计问卷来对各省的信任度进行测度。本书借鉴并使用该调查数据整理后的结果中"对各省信任度的加权值"

一项作为本书样本企业所在地的社会信任度。用银行贷款率作为企业银行贷款的代理变量。并且选取中小企业板上市公司的资产规模、抵押价值、成长性、经营能力、盈利能力、经营活动中现金的流动性、成立年限等作为控制变量。而研究中具体的变量定义如表 6 - 1 所示。其中，社会信任度用 TRUST 来表示，数值越大，表示民营中小企业所在地的社会信任度越高。

表 6 - 1 　　　　　　　　变量的定义与统计性描述

变量	衡量方法	均值	标准差	最小值	最大值
银行贷款率（BL）	（短期借款＋长期借款＋一年内到期的非流动负债）/总资产	0.1812	0.1549	0	1.0782
社会信任度（TRUST）	指数越高表示企业所在省份的社会信任度越高	82.3520	52.7048	2.7000	218.9000
政治关联（PC）	虚拟变量，董事长或总经理政治关联时为1，无政治关联时为0	0.3942	0.5357	0	1.0000
政治关联强度（PCS）	赋值越高，代表企业的政治关联强度越高	1.9236	2.8873	0	14.0000
公司规模（SIZE）	总资产的自然对数	21.0440	0.8993	18.8436	25.0561
净利润率（NIR）	（净利润/总收入）	0.4152	0.1650	0.0143	1.2970
资产收益率（ROA）	净利润/总资产	0.0623	0.0708	-1.1888	0.4638
主营业务增长率（MOIG）	（本期主营业务收入－上期主营业务收入）/上期主营业务收入×100%	0.4634	8.2620	-0.9750	355.6020
净资产周转率（NATR）	销售收入/[（期初净资产总额＋期末净资产总额）/2]	1.8425	1.7388	-0.4364	25.8618
经营活动中产生的净现金流（ONC）	本期经营活动中产生的现金流入－本期经营活动中产生的现金流出	0.0124	0.0483	-0.4912	0.6588
企业成立年限（OT）	企业成立年数的对数值	2.1905	1.0448	0	23.0000
速冻比率（QR）	（流动资产－存货）/流动负债	2.1734	3.6459	0.0056	62.2700
内部积累水平（IAL）	未分配利润/总资产	0.0197	0.0077	0.0006	0.0658

6.2.2　模型设定

为了检验 H1，即社会信任对民营中小企业信贷融资是否存在正向的促进作用，本章将待检验的回归方程设定为模型（6.1），其中，BL 代表民营中小企业的银行贷款率，TRUST 代表民营中小企业所在地的社会信任度，而 X 是控制变量，代表企业的资产规模、成长性、经营能力、盈利能力、经营活动中现金的流动性、成立年限等。根据本章的 H1，社会信任对信贷融资有着正向的促进作用，社会信任度越高，民营中小企业信贷融资面临的约束越小。如果该假设成立，则模型（6.1）中 TRUST 的系数应显著为正，表明社会信任度越高，民营中小企业获得的信贷资源越多，遭遇的融资约束越小。

$$BL_{it} = \alpha_0 + \alpha_1 TRUST_{it} + \alpha_2 X_{it} + \varepsilon_{it} \qquad (6.1)$$

为了检验 H2，我们采用如下面板模型（6.2）与模型（6.3），来检验民营中小企业的政治关联是否降低相应地区的社会信任度。其中，TRUST 为社会信任度，PC 表示企业政治关联，PCS 表示企业的政治关联强度。根据本章的 H2，政治关联的普遍建立不利于该地区社会信任度的提高，如果该假设成立，则模型（6.2）、模型（6.3）中 PC 及 PCS 的系数应该显著为负，表明政治关联对社会信任有着反向的促进作用，政治关联强度越高的地区，社会信任度越低。

$$TRUST_{it} = \alpha_0 + \alpha_1 PC_{it} + \varepsilon_{it} \qquad (6.2)$$

$$TRUST_{it} = \alpha_0 + \alpha_1 PCS_{it} + \varepsilon_{it} \qquad (6.3)$$

为了检验 H3，即验证政治关联与社会信任之间是否存在替代关系，本章建立面板模型，如模型（6.4）、模型（6.5）所示。其中，面板模型（6.4）中增加了交互项 TRUST × PC，面板模型（6.5）中增加了交互项 TRUST × PCS，用来检验政治关联与社会信任在影响民营中小企业信贷融资方面是否存在相互替代关系。X 为控制变量，我们选取了企业规模、抵押价值、主营业务增长率、净资产增长率、总资产收益率、成立年限、速动比率作为控制变量。根据本书之前的假定，社会信任与政治关联对民营中小企业的信贷融资存在相互替代的效应，如果该假设成立，则检验结果中的 TRUST × PC 的系数显著为负，说明在社会信任度较高的地区，政治关联的建立对信贷融资的影响是反向的。因为，在社会信任度较高的地区，企业可以通过提高自身信誉来获得信贷融资，那些建立政治关联的企业不但会花费大量的构建成本，还会被认为是信誉度低且想通过非正式手段谋取社会资源，因此，对企业的信誉及信贷融资产生不利的影响。同时，如果社会信任与政治关联对民营中小企业的信贷融资存在相互替代的效应，则检验结果中的 TRUST × PCS 的系数也应该显著为负，说明在社会信任度较高的地区，政治关联强度越高，对民营中小企业信贷融资越不利。因为，在社会信任度较高的地区，民营中小企业可以通过市场化的手段获取信贷资源，而无须花费成本构建政治关联，政治关联强度越高的企业往往被认为是有寻租行为的企业，且该类企业往往具有较低的信誉度，银行等金融机构不愿意与该类企业发生业务往来。

$$BL_{it} = \beta_0 + \beta_1 PC_{it} + \beta_2 TRUST_{it} \times PC_{it} + \beta_3 X_{it} + \varepsilon \qquad (6.4)$$

$$BL_{it} = \beta_0 + \beta_1 PC_{it} + \beta_2 TRUST_{it} \times PCS_{it} + \beta_3 X_{it} + \varepsilon \qquad (6.5)$$

6.3
实证结果与分析

6.3.1　社会信任的异质性与信贷融资约束

下面，我们根据待检验的面板模型（6.1）来检验社会信任对信贷融资的影响。首先，对面板数据进行异方差与自相关的检验，LR 检验结果显示 P 值为 0.0000，同时，Wald 检验结果显示 P 值为 0.0000，因此，面板模型选择 FGLS 的方法进行检验。实证结果如表 6 - 2 所示，TRUST 的系数为 0.0001，在 1% 的显著性水平上与信贷融资高度正相关，表明社会信任对民营中小企业信贷融资有着正向的促进作用，社会信任度越高的地区，民营中小企业可以获得较多的信贷资源，面临着较少的信贷融资约束，该结论恰好证实了本章的 H1。

表 6 - 2　　　　　社会信任对信贷融资影响的实证检验结果

变量	(1)
TRUST	0.0001 *** (4.39)
SIZE	0.0273 *** (12.19)
NATR	0.0190 *** (13.85)
IAL	0.5815 *** (22.55)

续表

变量	（1）
ROA	−0.3947 *** （−14.32）
MOIG	0.0007 （−0.91）
QR	−0.0068 *** （−0.91）
OT	0.0018 （−0.84）
NIR	0.0017 （−0.46）
ONC	−0.4430 *** （−8.94）
Observation	1872

注：*** 、** 、* 分别表示 1%、5%、10% 的显著性水平。

6.3.2　社会信任与政治关联的融资效应检验

根据待检验的面板模型（6.2）、模型（6.3）来检验政治关联的建立会降低该地区的社会信任度，对政治关联 PC 与社会信任 TRUST 及政治关联强度 PCS 与社会信任 TRUST 分别进行固定效应模型检验、随机效应模型检验及 Hausman 检验，决定是否用固定效应模型还是随机效应模型。检验结果如表 6-3 所示，我们发现，实证结果（2）Hausman 检验中 P 值为 0.9811，在 5% 的显著水平上不能拒绝原假设，即引入随机效应模型是合理的，同时实证结果（3）Hausman 检验中 P 值为 0.9640，在 5% 的显著性水平上不能拒绝原假设，即引入随机效应模型是合理的。因此，从实证结果（2）中随机效应模型检验结果可以看出，PC 的系数是 −14.2838，在 1% 的显著性水平下负相关，说明政治关联会降低该地区的社会信任度。从实证结果（3）中随机效应模型的估计结果可以看出，PCS 的系数是 −1.9624，在 1% 的显著性水平下负相关，说明政治关联强度与社会信任度呈负相关，民营中小企业政治关联强度越高的地区其社会信任度越低。该结论与 H2 的预期是相一致的。

表6-3   政治关联对社会信任影响的检验结果

变量	(2)		(3)	
	固定效应模型	随机效应模型	固定效应模型	随机效应模型
PC	-14. 2869 *** (-5. 83)	-14. 2838 *** (-5. 84)	—	—
PCS	—	—	-1. 9635 *** (-4. 67)	-1. 9624 *** (-4. 67)
Cons	87. 9017 *** (57. 10)	87. 9004 *** (57. 18)	86. 1351 *** (59. 02)	86. 1330 *** (59. 10)
Observation	1872	1872	1872	1872
R-squared	0. 1221	0. 1221	0. 1992	0. 1992
Hausman 检验	Prob > chi2 = 0.9811		Prob > chi2 = 0.9640	

注: *** 、 ** 、 * 分别表示1%、5%、10%的显著性水平。

6.3.3 政治关联与社会信任的替代效应检验

现在,我们通过模型 (6.4)、模型 (6.5) 来进一步分析在民营中小企业融资中,政治关联与社会信任之间是否存在替代效应。为了避免模型中产生的异方差与自相关问题,本章采用广义线性模型来对异方差与自相关问题进行修正。实证结果如表6-4所示,从实证结果 (4) 可以看出,PC 的系数在1%的显著性水平上显著为正,且系数为 0.0292,表明政治关联对信贷融资有着十分显著的正向促进作用,而交互项 TRUST×PC 在10%的显著性水平上为负值,且系数为 -0.0002,说明在社会信任度高的地区政治关联对信贷融资的影响并没有表现出正向的促进作用,反而是负相关的。这就意味着,在社会信任度高的地区,政治关联并没有促进民营中小企业的信贷融资,而是在一定程度上起到了副作用,因为在社会信任度高的地区,民营中小企业可以通过自身良好的信誉度来获得银行等金融机构的信赖,而没有必要去寻找政治关联这种非正式的保护机制,并且构建政治关联的企业也通常被认为是企图通过寻租行为来获取社会资源的企业,在市场化机制下,该类企业并不受到银行等金融机构的青睐。同时,从实证结果 (5) 也可以看出,PCS 的系数在1%的显著性水平上为正,且系数是 0.0285,表明政治关联强度越高的企业,其面临的融资约束越少。而交互项 TRUST×PCS 的系数却在10%的显著性水平上为负,且

系数为 -0.00003。这也表明了社会信任度越高，政治关联对信贷融资的影响并没有呈现出正相关，反而起到反向作用。这也在很大程度说明了在社会信任度高的地区，政治关联并没有形成一种非正式的保护机制，民营中小企业通过良好的信誉就可以获得信贷资源。

表 6 - 4　　　　　政治关联与社会信任的替代效应检验结果

变量	(4)	(5)
PC	0.0292 *** (3.31)	—
PCS	—	0.0285 *** (3.34)
TRUST × PC	-0.0002 * (-1.97)	—
TRUST × PCS	—	-0.00003 * (-1.99)
SIZE	0.0262 *** (7.10)	0.02689 *** (7.25)
NATR	0.0185 *** (9.71)	0.0184 *** (9.68)
NIR	-0.0013 (-0.36)	-0.0012 (-0.33)
ROA	-0.73334 *** (-16.11)	-0.7338 *** (-16.12)
MOIG	-0.0006 (-1.56)	-0.0006 (-1.57)
QR	-0.00003 (-0.04)	-0.00007 (-0.08)
OT	-0.000009 (-0.02)	0.00008 (0.03)
Observation	1872	1872

注：*** 、** 、* 分别表示 1% 、5% 、10% 的显著性水平。

6.4

稳健性检验

为了对上述实证结果进行可靠性的检查，本书进行如下的稳健性检验。将模型中表示民营中小企业信贷融资的变量银行贷款率用银行贷款成本变量来代替，即银行贷款成本＝财务费用/贷款总额，将其作为被解释变量来分析社会信任对银行贷款成本的影响。将待检验回归方程设定为模型（6.6），根据 H1，社会信任对民营中小企业信贷融资有着正向的促进作用，即社会信任有利于降低民营中小企业的信贷融资约束。而降低信贷融资约束也意味着可以降低民营中小企业的融资成本，因此，如果 H1 成立，则待检验模型（6.6）中 TRUST 的系数应该显著为负，表明社会信任对民营中小企业的信贷融资成本有着反向的作用，即社会信任度越高，民营中小企业信贷融资成本越低。实证结果如表 6-5 所示，TRUST 的系数在 1% 的显著性水平上与民营中小企业的信贷融资成本呈高度的负相关，且系数为 -0.0002。这就表明，社会信任可以降低民营中小企业的信贷融资成本，社会信任度越高，民营中小企业的信贷融资成本越低。实证结果再次验证了 H1 的正确性，即社会信任可以在很大程度上缓解民营中小企业的信贷融资困境。

$$BLC_{it} = \alpha_0 + \alpha_1 TRUST_{it} + \alpha_2 X_{it} + \varepsilon_{it} \tag{6.6}$$

表 6-5　　　　　　　社会信任对信贷融资影响的稳健性检验结果

变量	（6）
TRUST	-0.0002 *** (-6.54)
SIZE	0.0019 (0.90)
NATR	0.0036 *** (3.13)
IAL	0.3472 *** (13.34)
ROA	-0.0921 *** (-1.16)
MOIG	-0.0016 (-1.16)
QR	-0.0022 *** (-3.39)
OT	0.0005 (0.28)

续表

变量	（6）
NIR	0.0028 （1.25）
ONC	0.1318* （1.73）
Observation	1872

注：***、**、*分别表示1%ˋ、5%、10%的显著性水平。

　　下面，我们将政治关联的替代变量政治关联（PC）与政治关联强度（PCS）同时滞后一期，再次通过待检验回归模型（6.2）、模型（6.3）来进一步研究政治关联对社会信任的影响。结果如表6－6所示，从检验的结果可以看出，随机效应模型通过了检验，无论是政治关联还是政治关联强度在5%的显著性水平下与社会信任都是负相关的，这也再次证实了政治关联会降低该地区的社会信任度。

表6－6　　　　　　　　政治关联对社会信任影响的稳健性检验结果

变量	（2）		（3）	
	固定效应模型	随机效应模型	固定效应模型	随机效应模型
PCLAG	－5.9860** （－2.42）	－5.9847** （－2.43）	—	—
PCSLAG	—	—	－0.6968** （－1.65）	－0.6965** （－1.65）
Cons	84.6778*** （57.10）	84.6772*** （54.65）	83.6967*** （57.03）	83.6960*** （57.11）
Observation	1872	1872	1872	1872
R-squared	0.4057	0.4057	0.5560	0.5560
Hausman 检验	Prob > chi2 = 0.9921		Prob > chi2 = 0.9889	

注：***、**、*分别表示1%、5%、10%的显著性水平。

　　最后，通过变换被解释变量的方法来对政治关联与社会信任在民营中小企业信贷融资中的替代效应进行稳健性检验，将民营中小企业的负债比率作为被解释变量，而其他的解释变量、控制变量保持不变，通过待检验模型（6.7）、模型（6.8）来重新检验政治关联与社会信任的替代效应。如果H3成立，则

· 103 ·

实证结果中 PC 与 PCS 的系数应该显著为正，而 TRUST × PC 与 TRUST × PCS 的系数应该显著为负。实证结果如表 6 – 7 所示，在模型（6.7）中的 PC 的系数为 0.0616，在 1% 的显著性水平上正相关，而 TRUST × PC 的系数为 – 0.0007，在 1% 的显著性水平上负相关。这就说明在社会信任度高的地区，政治关联对信贷融资并没有表现出正向的促进作用，而是出现了反向作用。而在模型（6.8）中的 PCS 的系数为 0.0053，在 1% 的显著性水平上正相关，而 TRUST × PCS 的系数为 – 0.00004，在 10% 的显著性水平上负相关。这就说明在社会信任度高的地区，政治关联及政治关联强度对信贷融资并没有表现出正向的促进作用，而是出现了反向作用。说明社会信任与政治关联在信贷融资中有着相互替代的作用。在社会信任度高的地区，社会信任在信贷融资中起着重要作用，而在社会信任度低的地区，政治关联在信贷融资中起着重要作用。该结论再次证明了 H3。

$$TDR_{it} = \beta_0 + \beta_1 PC_{it} + \beta_2 TRUST_{it} \times PC_{it} + \beta_3 X_{it} + \varepsilon \qquad (6.7)$$

$$TDR_{it} = \beta_0 + \beta_1 PC_{it} + \beta_2 TRUST_{it} \times PCS_{it} + \beta_3 X_{it} + \varepsilon \qquad (6.8)$$

表 6 – 7　　　　政治关联与社会信任替代效应的稳定性检验结果

变量	(7)	(8)
PC	0.0616 *** (5.59)	—
PCS	—	0.0053 *** (2.62)
TRUST * PC	– 0.0007 *** (– 5.30)	—
TRUST * PCS	—	– 0.00004 * (– 1.62)
SIZE	0.4655 *** (54.67)	0.4536 *** (48.71)
NATR	– 0.0077 *** (– 3.27)	– 0.0060 *** (– 2.63)
NIR	0.0012 (0.59)	0.0010 (0.64)
ROA	– 0.1592 *** (– 3.08)	– 0.1532 *** (– 2.61)

续表

变量	(7)	(8)
MOIG	- 0. 0114 * (- 1. 64)	- 0. 0133 * (- 1. 84)
QR	- 0. 0149 *** (- 7. 84)	- 0. 0139 *** (- 6. 98)
OT	- 0. 0089 ** (- 2. 48)	- 0. 0094 *** (- 2. 64)
ONC	- 2. 2337 *** (- 8. 08)	- 2. 1064 *** (- 7. 19)
Observation	1872	1872

注：*** 、** 、* 分别表示 1%、5%、10% 的显著性水平。

6. 5

本章小结

民营中小企业融资困境已经成为民营中小企业发展过程中的一个重要桎梏。本章实证结果表明：（1）社会信任对民营中小企业信贷融资有着十分显著的正向作用，社会信任度较高的地区，民营中小企业面临较少的融资约束。（2）政治关联可以作为非正式的制度在民营企业的发展中充当保护机制，但是一个地区政治关联的普遍建立又会在一定程度上降低该地区的社会信任度。（3）政治关联与社会信任对民营中小企业的融资影响具有相互替代性。即政治关联较高的地区，政治关联在民营中小企业信贷融资中起着关键性作用，而社会信任度高的地区，社会信任在民营中小企业信贷融资中起着关键性作用。由此可见，本章的研究得出了与菲斯曼（Fisman，2001）及查若米林德、卡利和韦沃坦康（Charumilind，Kali & Wiwattanakantang，2006）相似的结论。

本章的研究无疑进一步加深了对破解转型时期我国民营中小企业融资约束的认识，政治关联固然可以在一定程度上缓解民营中小企业的融资困境，但是，这种非正式的制度起作用的关键前提是存在社会信任的缺失。也就是说，政治关联能够实现配置信贷资源，也仅仅是信任缺失情况下的一种替代手段，并且这种手段还在一定程度上降低了社会信任、滋生了寻租腐败。因此，政治关联对于民营中小企业信贷融资而言并非是一种可以推广的制度保障。若要真正的从根本上打破民营中小企业信贷融资约束，需要着力健全有利于民营中小企业发展的制度保障。首先，给予民营中小企业与其在国民经济和社会发展中地位相符的"国民待遇"，使其在市场竞争机制下与国有企业有着同样的、公平的机会去获取发展中所必需的资源。增强对民营中小企业的扶持力度，鼓励民营中小企业提高盈利能力、降低经营风险，增强投资者及金融机构对民营中小企业健康发展的信心及帮助资金供给方对其发展形成理性的、良好的预期。其次，加快征信体系建设，增加社会信任度，减少由于信息不对称而导致信贷资源无法达到帕累托最优的情况发生，发挥社会信任在缓解民营中小企业信贷融资过程中的主导地位。

第7章

民营中小企业政治关联的融资效应（Ⅱ）：基于市场化进程的再检验

　　政治关联作为一种非正式的保护机制为民营企业带来的融资便利的效应已被国内外学者所证实，然而，市场化背景如何来影响这种非正式的保护机制作用的发挥更是我们需要深入研究的。在转轨时期的我国，社会主义市场经济体制确立之后，我国的市场经济得到了较快的发展，但是与发达国家相比，还存在较大的差距。市场化程度不高成为转轨时期我国较为显著的一个制度背景。早在 20 世纪 90 年代，美国经济学家施莱弗和维什尼（Shleifer & Vishny，1994）就对转轨国家的制度背景进行了研究，他们认为，在转轨国家中，政府的权力会凌驾于法律之上，对企业的经营活动产生重要的影响，并且在此基础上提出了著名的"掠夺之手"政治行为模型（Shleifer & Vishny，2002）。巴特尔和布雷迪（Bartel & Brady，2003）认为，企业是否决定建立政治关联与企业面临的制度背景密切相关，政府干预资源配置程度越高的地区，企业通过建立政治关联的意愿越迫切。法乔（Faccio，2006）研究发现，在政府腐败程度、干预程度越高以及对私有产权保护越欠缺的地区政治关联现象越普遍，在这种地区，政治关联产生的贷款便利效应及税收优惠、财政补贴效应越是显著。还有观点认为，在政府管制较为严重的地区，企业建立政治关联有利于减少交易成本，因为在通过市场配置资源的途径受阻的情况下，与政府建立良好的关系可以帮助企业以较低的成本获得发展所需的资源（Khanna & Palepu，2000）。国内学者针对我国转轨时期特有的制度背景也展开了政治关联效应的分析。罗党论、甄丽明（2008）实证分析指出，政治关联的融资便利效应的发挥与该地区金融发展程度有显著的关系，金融发展水平越低的地区，政治关联的融资便利效应就越高。余桂明、潘红波（2008）通过对我国 1993～2005

年上市公司企业的经验数据为样本，实证研究表明，金融发展程度低、法制不健全及政府侵害产权严重的地区，企业政治关联的贷款效应越显著，即政治关联的贷款便利只有在制度环境落后的地区才发挥作用。

　　本章以我国的市场化进程作为制度背景变量，分析市场化进程对我国民营中小企业信贷融资的影响。并且还分析了市场化进程对我国民营中小企业政治关联融资效应发挥的影响，以及市场化进程与政治关联在我国民营中小企业信贷融资方面的交互作用。

7. 1

理论与假设

　　最早研究金融制度环境对经济增长阻碍作用的经济学家是美国斯坦福大学经济系教授罗纳德·麦金农（Ronald Mckinnon）和爱德华·肖（Edward Shaw），他们于1973年分别出版了《经济发展中的货币与资本》和《经济发展中的金融深化》，麦金农提出了著名的"金融抑制"理论，他认为，在发展中国家存在着金融抑制现象，即政府过多的干预一国的金融活动和金融体系而抑制金融体系的发展，金融体系发展受阻又作用于经济发展，导致经济发展缓慢而产生恶性循环。而肖则提出了金融深化的概念，即政府对金融活动和金融体系取消干预可以促进金融发展，从而促进经济发展形成良性循环。然而，在发展中国家，尤其是处于转轨时期的经济体，金融抑制的现象较为普遍，政府直接或间接的信贷管制难以形成真正意义上的竞争、有序且发达的金融市场，在这种情况下，信贷资源的配置权很大程度上掌握在政府手中，而非取决于市场供求关系。这种特点又进一步的放缓了金融市场化的进程。如此的恶性循环无疑使得"强位弱势"的中小企业面临更为严峻的融资约束。当然这种现象在我国也不例外。我国在改革开放以前，政府一直都是唯一的投资主体，企业获得资金的唯一途径就是政府的财政拨款。这种局面虽然在改革开放之后被打破，但是我国融资体制的国有经济导向却始终没有改变。我国的金融体系是以国有银行为主体，长期以来，商业银行对非国有经济的歧视，以及为追求利润最大化和控制风险而实施的"抓大放小"的策略，把信贷投放的重心放在国有大型企业。在这种制度环境下，民营中小企业若要在严峻的融资环境中生存下去，就需要采取合适的战略，寻找一种非正式的保护机制，使自己能够适应这种制度环境的同时，也能为企业的生存发展赢得所需的机会及资源。这种非正式的保护机制就是企业建立政治关联。近年来，越来越多的民营中小企业高管通过成为人大代表或政协委员活跃于政坛，积极地参与政治。而不少学者是从民营中小企业面临的融资约束的角度来理解和分析民营中小企业高管建立政治关联的动机。

在转型时期的中国，政府一直在社会管理、调控经济中起着主导作用，同时，又是中国特色社会主义市场经济机制的培育者。在这种背景下，作为企业最关键的利益相关者，政府就自然成为企业面临的最重要的外部环境。不可否认，处于转型时期的经济体，政府对微观经济主体的干预在规范经济行为、维护经营环境等方面有着十分积极的作用，对社会经济发展及微观经济主体的良性竞争及发展壮大有着非常显著的影响。但是客观地讲，政府干预在产生"帮助之手"的同时，也产生了"掠夺之手"。这种"掠夺之手"表现为，政府的官员通过利用其手中的权力对企业施加不必要的管制，借此向企业尤其是民营企业来索取贿赂，或是任意地向民营企业索要罚款，甚至可以随意地终止民营企业的经营活动、生产活动。由于相关法律制度的不健全、行政体制改革的不彻底等原因，使得政府权力的实施缺乏有效的社会监督，存在着政府对经济的过度干预，政府对企业尤其是对民营企业"乱摊派""乱收费"的现象以及一些向企业索贿的现象层出不穷。在存在政府"掠夺之手"的背景下，如何处理与政府之间的关系，减少政府对企业的"掠夺之手"就成为民营企业面临的最重要的战略问题。而对于民营企业来说，政治关联的有效建立，可以在很大程度上避免政府对企业实施"掠夺之手"，让政府的"帮助之手"保护和助推民营企业的发展。表现在民营中小企业的信贷融资方面，就是政治关联在减少政府"掠夺之手"的同时，降低了企业的经营风险，增加了企业从银行获取信贷资源的概率，从而可以缓解民营中小企业面临的融资约束，促进民营中小企业的健康、良性发展。

我国的民营中小企业在发展中面临的另外一个难以克服的制度约束是缺乏完善的私有产权保护机制。完善的私有产权保护制度是市场参与者开展公平、有序竞争的前提和基础，同时又决定着市场参与者自身发展所能达到的深度与广度。然而，对于任何一个国家而言，私有产权的保护都有法律的制定与法律的实施两个层面来决定。与许多其他的处于转轨时期的经济体类似，我国法律体制的改革明显缓于经济体制的改革，存在私有产权保护方面的法律、法规还不完备，同时在执法方面也存在力度不够等问题，这就导致了民营企业产权在很大程度上得不到有效的保护，民营中小企业难以利用法律、法规来保护自己的产权。同时，也正是由于缺乏完善的私有产权保护机制，企业相互之间或者是企业与债权人之间存在经济纠纷时，往往会通过政府官员而非法律程序来解决。在这种情况下，政治关联可以作为一种正规法律程序的替代机制，避免企业因经济纠纷而遭遇不公平待遇。并且这种非正式的保护机制可以在很大程度上提高自身产权的安全性，扭转民营中小企业在社会中，尤其是在信贷融资方面所遭遇的所有制歧视及规模歧视，能够在降低民营中小企业因缺乏相应的产权保护机制而产生的经营风险的同时，也能降低民营中小企业获得银行信贷资源的难度。

因此，基于上述分析，我们提出本章的假设1与假设2。

假设1：市场化程度的提高有利于缓解民营中小企业信贷融资困境。

假设2：市场化程度较低的地区，政治关联为民营中小企业带来的信贷融资便利效应较为显著。

然而，政治关联究竟能否成为一种非正式的保护机制来帮助民营中小企业破解融资约束，还要取决于民营中小企业所在地区的市场化制度环境。处于转型时期的经济体往往存在诸如政府对私有产权的保护欠缺、政府过多地干预经济及金融市场化程度低等制度特点，这些制度特点对中小企业的信贷融资产生了巨大的不利影响。然而，也正是这些不利于民营中小企业融资的制度背景，激发民营中小企业积极寻找非正式的保护机制来为自己获取生存发展中所必需的信贷资源。但是，如果面临的是较好的制度背景，如较高的金融市场化程度、较低的政府干预程度及较为完善的私有产权保护机制，政治关联是否还能产生信贷融资的便利效应，是我们接下来需要讨论的关键问题。

20世纪60年代以后，随着信息经济学的不断发展，越来越多的学者将信息不对称理论应用到企业融资的信贷市场研究中，为企业融资理论的研究提供了新的契机。最早将信息不对称理论运用到信贷市场的分析中的经济学家是杰斐和拉塞尔，他们用信息不对称产生的道德风险和逆向选择来分析信贷配给，强调事前信息不对称对信贷市场的影响。杰斐和拉塞尔在合作完成的论文《不完全信息、不确定性和信贷配给》（Jaffee & Russell，1976）中，构建模型详细地讨论了信贷市场中的道德风险问题。斯蒂格利茨与韦兹（Joseph Stiglitz & Andrew Weiss）在杰斐和拉塞尔研究的基础上，进一步研究了信息不对称下的信贷配给现象，在 1981 年《美国经济评论》上发表了《不完全信息市场中的信贷配给》一文，文中全面系统地分析了信贷市场上的信贷配给现象。信贷配给导致信贷市场上的一部分企业，即便愿意支付高于银行所要求的利率，仍然无法获得信贷资源。然而，随着金融市场化程度的不断加深，银行在有效配置信贷资源方面的能力会不断提高，再加之随着征信体系不断完善，利率在信贷资源配置过程中的杠杆作用会日益明显，因此，金融市场化程度较高的地区，价格机制在信贷资源配置中起着主导的作用，政治关联产生的信贷融资便利效应会逐渐减少。

政府干预程度较高的地区，政府在资源配置中起着主导的作用，民营中小企业更倾向于寻求政府的保护。在我国，改革开放 30 多年来，尽管一直在进行行政体制改革，但是就目前而言，依然没有改变"大政府"的模式。这种"大政府"的模式在很大程度上影响着市场在资源配置中基础性作用的发挥，同时，也迫使民营中小企业积极地寻求与政府建立政治关联，通过政治关联来克服市场无法发挥资源配置基础性作用的机制障碍，并借此成功获得原本稀缺的资源。但是，如果政府干预水平较低，则说明市场机制在该地区的资源配置中起着主导作用，民营中小企业通过市场化的途径可以获得生存、发展所需的经济资源，如信贷资源，而不必要通过非市场的手段寻求非正式的保护机制。

对于许多转型时期的经济体而言，都存在法律体系不健全的特点，尤其是对私有产权保护的法律、法规存在欠缺。这就在很大程度上加大了民营中小企业在生存和发展中所遭遇的不确定性，导致其面临较大的经营风险。所以，民营中小企业为了适应外部经营环境，不得不寻求政府的保护，积极地建立政治关联，以抵制私有产权保护机制缺失而带来的经济损失、经营风险。然而，如果该地区存在健全的私有产权保护机制，企业与企业之间、企业与债权人之间存在的经济纠纷就会借助于正规的法律机制来解决，而不必要通过政府来解决。因此，只有在私有产权保护欠缺的地区，政治关联的信贷融资便利效应才会显著，而在私有产权保护机制完善的地区，民营中小企业不必要通过建立政治关联的手段来获得信贷融资。

基于上述分析，我们提出本章的假设 3。

假设 3：较高的市场化程度与政治关联在民营中小企业信贷融资方面有着替代效应，市场化制度背景较为优越的地区，完善的制度为民营中小企业带来的信贷融资便利效应较为显著，而在市场化制度背景较为恶劣的地区，政治关联为民营中小企业带来的信贷融资便利效应较为显著。

7.2
研究设计

7.2.1 数据来源与变量选取

本章关于中小企业政治关联、信贷融资及其他财务数据的来源同第 5 章。市场化进程数据来源于樊纲、王小鲁、朱恒鹏编著的《中国市场化指数——各地区市场化相对进程 2011 年报告》中我国各省、自治区、直辖市的市场化指数体系。其中，本书中金融市场化的代理变量用该市场化指数体系中的"金融市场化程度"指标来衡量，政府干预程度的代理变量用该市场化指数体系中的"政府与市场的关系"指标来衡量，私有产权的保护的代理变量用该市场化指数体系中的"对生产者合法权益的保护"指标来衡量。考虑到市场化进程在本章分析中有着十分重要的作用，所以在本章最后一部分的稳健性检验中，还会用到其他的指标来衡量各地区的金融市场化程度、政府干预程度及私有产权的保护，其中的替代变量将在稳健性检验中详细的说明。同时，需要说明的一点是，《中国市场化指数——各地区市场化相对进程 2011 年报告》中的市场化指数体系只是涵盖了 1998~2009 年，但是，本书的样本期间包括 2007~2012 年，考虑到制度变量的特征以及为了构建平行面板模型进行实证检验，本书将市场化进程相关替代变量滞后 3 期，即用 2004~2009 年的相关市场化数据作为 2007~2012 年的市场化进程的替代变量。并且，本书选取中小企业板上市公司的资产收益率、资产规模、主营业务增长率、净资产周转率、经营活动中产生的净现金流、企业成立年限、净利润率及存货周转率作为控制变量。本章研究中具体的变量定义如表 7-1 所示。

表 7-1　　　　　　　　　　变量的定义与统计性描述

变量	衡量方法	均值	标准差	最小值	最大值
银行贷款率（BL）	（短期借款＋长期借款＋一年内到期的非流动负债）/总资产	0.1812	0.1549	0	1.0782

续表

变量	衡量方法	均值	标准差	最小值	最大值
政治关联（PC）	虚拟变量，董事长或总经理政治关联是为1，无政治关联时为0	0.3942	0.5357	0	1.0000
金融市场化程度（FINANCE）	指数越大，表明金融市场化程度越高	10.9382	1.3417	4.1800	12.8400
政府与市场的关系（GOV）	指数越大，表明政府干预程度越大	9.2785	1.2462	-4.6600	10.6500
对生产者合法权益的保护（LAW）	指数越大，表明对私有产权的保护制度越完善	5.6287	1.4894	-1.9100	9.0100
资产规模（SIZE）	总资产的自然对数	21.0440	0.8993	18.8436	25.0561
资产收益率（ROA）	净利润/总资产	0.0623	0.0708	-1.1888	0.4638
主营业务增长率（MOIG）	（本期主营业务收入－上期主营业务收入）/上期主营业务收入×100%	0.4634	8.2620	-0.9750	355.6020
净资产周转率（NATR）	销售收入/[（期初净资产总额＋期末净资产总额）/2]	1.8425	1.7388	-0.4364	25.8618
经营活动中产生的净现金流（ONC）	本期经营活动中产生的现金流入－本期经营活动中产生的现金流出	0.0124	0.0483	-0.4912	0.6588
企业成立年限（OT）	企业成立年数的对数值	2.1905	1.0448	0	23.0000
净利润率（NIR）	净利润率/营业收入	0.1369	1.0080	-4.6427	35.7000
存货周转率（IT）	销售成本/平均存货余额	14.9647	269.8560	-0.1029	11477.2000

7.2.2　模型设定

我们通过312家中小企业板上市公司2007～2012年的样本数据建立面板模型对假设1进行检验，分别检验金融市场化程度、政府干预程度及私有产权的保护程度对民营中小企业的信贷融资影响。并且将待检验的方程设置为（1）。其中，X是由企业的财务特征组成的向量，其中包括主营业务增长率、经营活动中产生的净现金流、资产规模、净资产周转率、存货周转率、资产收益率及净利润率。MARKET代表市场化程度，其中包括FINANCE（金融市场化程度）、GOV（政府干预程度）及LAW（私有产权的保护程度）三个代理变量，为了避免多重共线性，在模型（7.1）的回归分析中将分别引入这三个变量。

$$BL = \alpha + \beta_1 MARKET + \beta_2 X + \varepsilon \qquad (7.1)$$

为了检验假设2，首先根据金融市场化程度将样本企业分为两组，具体的分组方法是，找出金融市场化程度这一指标的平均值，将大于平均值的样本企业作为一组，该组表示样本企业所在地区的金融市场化程度较高，而将小于平均值的样本企业作为一组，该组表示样本企业所在地区的金融市场化程度较低。用同样的方法将样本企业按政府干预程度及私有产权保护程度再次进行分组，分别得出较高政府干预程度的样本企业组、较低政府干预程度的样本企业组，以及较高私有产权保护程度的样本企业组、较低私有产权保护程度的样本企业组。基于前文的分析，我们认为，较高的金融市场化程度、较低的政府干预程度及较高的私有产权保护程度为市场化背景较为优越的地区，而较低的金融市场化程度、较高的政府干预程度及较低的私有产权保护程度被认为是市场化背景较为恶劣的地区。针对假设2，我们分别将待检验的方程设定为模型（7.2）、模型（7.3），然后分别对分好组的样本企业进行检验，观察不同的市场化制度背景下政治关联产生的融资便利效应有何不同。其中，X是由企业的财务特征组成的向量，其中包括主营业务增长率、经营活动中产生的净现金流、资产规模、净资产周转率、存货周转率、资产收益率及净利润率。MARKET代表市场化程度，其中包括FINANCE、GOV及LAW三个代理变量。在具体的实证检验中，分别用金融市场化程度较强组、金融市场化程度较弱组、政府干预程度较强组、政府干预程度较弱组、私有产权保护较强组及私有产权较弱组来对模型（7.2）、模型（7.3）进行检验，以分析在市场化程度不同的地区，政治关联对信贷融资的影响有何不同。

$$BL = \alpha + \beta_1 PC + \beta_2 X + \varepsilon \qquad (7.2)$$

$$BL = \alpha + \beta_1 PCS + \beta_2 X + \varepsilon \qquad (7.3)$$

为了检验假设3，即政治关联与制度背景在民营中小企业信贷融资方面的替代效应，我们引入政治关联与制度背景的交互项 PC × MARKET，它包括三个代理变量即：PC × FINANCE、PC × GOV、PC × LAW，X同样是由企业的财务特征组成的向量。待检验的方程设定为模型（7.4）、模型（7.5），每个方程将依次引入 PC × FINANCE、PC × GOV、PC × LAW 三个变量。

$$BL = \alpha + \beta_1 PC + \beta_2 PC \times MARKET + \beta_3 X + \varepsilon \qquad (7.4)$$

$$BL = \alpha + \beta_1 PCS + \beta_2 PCS \times MARKET + \beta_3 X + \varepsilon \tag{7.5}$$

7.3

实证结果与分析

7.3.1　市场化进程的异质性与信贷融资约束

本章通过待检验模型（7.1）对假设 1 进行检验，用金融市场化程度、政府与市场的关系及私有产权的保护程度三个指数作为市场化制度背景替代变量，并且利用平行数据建立面板模型进行实证分析。首先，用金融市场化指数进行实证检验，我们先进行固定效应模型检验，然后进行随机效应模型检验，最后运用 Hausman 检验判断采用固定效应模型还是随机效应模型。检验结果如表 7 - 2 所示，从实证结果可以看出，固定效应模型与随机效应模型中，金融市场化指数对民营中小企业信贷融资的影响在 1% 的显著性水平上呈正相关，并且从 Hausman 检验的结果可以得出，在 1% 的显著性水平上可以拒绝原假设，即进入固定效应模型是合适的。因此，金融市场化程度对民营中小企业的信贷融资具有正向影响，且系数为 0.0123，表明金融市场化程度越高，民营中小企业越容易获得信贷融资。政府干预程度的检验结果如表 7 - 3 所示，固定效应模型还是随机效应模型，政府的干预与民营中小企业信贷融资分别在 10%、5% 的显著性水平下呈负相关。并且从 Hausman 检验的结果可以得出，在 1% 的显著性水平上可以拒绝原假设，即进入固定效应模型是合适的。因此，政府的干预对民营中小企业的信贷融资具有反向影响，且系数为 - 0.0084，表明减少政府的干预程度，可以帮助民营中小企业获得信贷融资。私有产权保护程度的检验结果如表 7 - 4 所示，固定效应模型和随机效应模型中，私有产权的保护程度对民营中小企业信贷融资的影响分别在 1%、5% 的显著性水平上是呈正相关的。并且从 Hausman 检验的结果可以得出，在 1% 的显著性水平上可以拒绝原假设，即进入固定效应模型是合适的。因此，私有产权的保护程度对民营中小企业的信贷融资具有正向影响，且系数为 0.0114，表明私有产权的保护程度越高，民营中小企业越容易获得信贷融资。

从表 7 - 2、表 7 - 3、表 7 - 4 可以看出，实证结果证明了假设 1 的预期，即在市场化制度背景较为优越的地区，民营中小企业面临较少的信贷融资约束。

表 7 - 2 金融市场化程度对信贷融资影响检验

变量	固定效应	随机效应
FINANCE	0.0123 *** (4.16)	0.0052 *** (3.47)
TA	0.0039 (0.49)	- 0.0011 (- 0.33)
QR	- 0.0045 *** (- 3.18)	- 0.0025 *** (- 3.06)
ROA	0.0249 *** (14.34)	0.0229 *** (14.34)
NATR	- 0.0021 (- 0.64)	- 0.0011 (- 0.63)
ONC	- 0.4723 *** (- 7.50)	- 0.4517 *** (- 7.84)
OT	- 0.0011 (- 0.32)	0.0009 (0.35)
NIR	- 0.0048 * (- 1.63)	- 0.0063 ** (- 2.30)
MOIG	0.0002 (0.55)	0.0001 (0.32)
Observation	1872	1872
R-squared	0.1493	0.1443
Hausman 检验	Prob > chi2 = 0.0030	

注：***、**、*分别表示1%、5%、10%的显著性水平。

表 7 - 3 政府干预程度对信贷融资影响的检验结果

变量	固定效应	随机效应
GOV	- 0.0084 * (- 1.77)	- 0.0079 ** (- 2.25)
TA	0.1839 *** (8.30)	0.2388 *** (12.03)
QR	0.0013 (1.09)	0.0013 (1.11)

续表

变量	固定效应	随机效应
ROA	−0.1531 *** （−3.96）	−0.2531 *** （−6.88）
NATR	0.0133 *** （6.01）	0.0154 *** （7.99）
ONC	0.0344 （0.81）	0.0360 （0.85）
OT	−0.0013 （−0.65）	−0.0015 （−0.70）
NIR	−0.0026 * （−1.36）	−0.0024 （−1.19）
MOIG	−0.0009 *** （−3.95）	−0.0009 *** （−3.72）
Observation	1872	1872
R-squared	0.3532	0.3776
Hausman 检验	Prob > chi2 = 0.0000	

注：*** 、** 、* 分别表示1%、5%、10%的显著性水平。

表 7-4　　　　私有产权的保护程度对信贷融资影响的检验结果

变量	固定效应	随机效应
LAW	0.0114 *** （4.35）	0.0053 ** （2.39）
TA	0.1821 *** （8.27）	0.2405 *** （12.12）
QR	0.0013 （1.18）	0.0013 （1.10）
ROA	−0.1589 *** （−4.31）	−0.2538 *** （−6.90）
NATR	0.0123 *** （5.63）	0.0150 *** （7.66）
ONC	0.0316 （0.75）	0.0383 （0.90）
OT	−0.0014 （−0.67）	−0.0015 （−0.72）

变量	固定效应	随机效应
NIR	− 0. 0028 （− 1. 43）	− 0. 0024 （− 1. 23）
MOIG	− 0. 0009 *** （− 3. 86）	− 0. 0009 *** （− 3. 71）
Observation	1872	1872
R-squared	0. 2569	0. 3547
Hausman 检验	Prob > chi2 = 0. 0000	

注: *** 、 ** 、 * 分别表示1% 、5% 、10%的显著性水平。

7.3.2　市场化进程与政治关联的融资效应检验

为了对假设2进行检验,我们按金融市场化程度、政府干预程度及私有产权保护程度分组后的样本企业的数据分别代入检验模型 (7.2)、模型 (7.3),得到的实证结果如表7 – 5、表7 – 6、表7 – 7 所示。其中,表7 – 5 是检验方程关于按照 FINANCE 分组后对模型 (7.2)、模型 (7.3) 的检验结果,其中,finance-a 代表的是所在地区金融市场化程度较高的样本企业组,finance-b 代表的是所在地区金融市场化程度较低的样本企业组。表7 – 6 是检验方程关于按照 GOV 分组后对模型 (7.2)、模型 (7.3) 的检验结果,gov-a 代表的是所在地区政府干预程度较低的样本企业组,gov-b 代表的是所在地区政府干预程度较高的样本企业组。表7 – 7 是检验方程关于按照 LAW 分组后对模型 (7.2)、模型 (7.3) 的检验结果,law-a 代表的是所在地区私有产权保护程度较高的样本企业组,law-b 代表的是所在地区私有产权保护程度较低的样本企业组。从表7 – 5 可以看出,样本企业所在地是金融市场化程度较高的地区,政治关联及政治关联强度对信贷融资的影响并不显著,而样本企业所在地金融市场化程度较低的地区,政治关联对信贷融资的影响在 5% 的显著性水平上显著为正,系数为 0. 0168;而政治关联强度对信贷融资的影响在 1% 的显著性水平上正相关,系数为 0. 0042。这就说明,政治关联及政治关联强度对民营中小企业信贷融资产生的便利效应只发生在金融市场化程度较低的地区。从表7 – 5 可以看出,样本企业所在地是政府干预水平较高的地区,政治关联对信贷融资的影响在 1% 的显著性水平上显著为正,系数为 0. 0392;政治关联强度对信贷融资的影响在

1% 的显著性水平上显著为正，系数为 0.0054。而样本企业所在地政府干预水平较低的地区，政治关联及政治关联强度对信贷融资的影响并不显著。这也说明，政治关联及政治关联强度对民营中小企业信贷融资产生的便利效应发生在政府干预水平较高的地区。从表 7 - 7 可以看出，样本企业所在地是私有产权保护水平较高的地区，政治关联及政治关联强度对信贷融资的影响并不显著，而样本企业所在地私有产权保护水平较低的地区，政治关联对信贷融资的影响在 1% 的显著性水平上显著为正，系数为 0.0350；政治关联强度对信贷融资的影响在 1% 的显著性水平上显著为正，系数为 0.0550。这说明，政治关联及政治关联强度对民营中小企业信贷融资产生的便利效应发生在私有产权保护水平较低的地区。

表 7 - 5　　　　　　　　　　按照金融市场化程度分组后的检验结果

变量	（2）finance-a	（2）finance-b	（3）finance-a	（3）finance-b
PC	0.0098 （0.97）	0.0168 ** （1.97）	—	—
PCS	—	—	0.0012 （0.67）	0.0042 *** （2.98）
ROA	-0.5390 *** （-8.77）	-0.8124 *** （-11.63）	-0.5363 *** （-8.74）	-0.8093 *** （-11.62）
TA	0.0049 *** （7.83）	0.0286 *** （5.57）	0.0487 *** （7.87）	0.0275 *** （5.53）
MOIG	-0.0045 （-1.06）	-0.0004 （-1.02）	-0.0044 （1.06）	-0.0004 （-0.99）
NATR	0.0183 *** （5.90）	0.0206 *** （8.77）	0.0183 *** （5.89）	0.0208 *** （8.88）
ONC	-0.6797 *** （-5.08）	-0.4109 *** （-5.03）	-0.6827 *** （-5.10）	-0.4258 *** （-5.21）
OT	-0.0004 （-0.11）	0.0058 （1.10）	-0.0005 （-0.12）	0.0058 （1.09）
NIR	-0.0004 （-0.07）	0.0018 （0.52）	0.0004 （-0.06）	0.0010 （0.30）
IT	0.00002 ** （1.78）	0.0005 *** （2.69）	0.00002 * （1.77）	0.0005 *** （2.7）
样本数	1039	833	1039	833
F	23.01	22.95	36.44	37.11
R-squared	0.2187	0.2617	0.2182	0.2653

注：***、**、* 分别表示 1%、5%、10% 的显著性水平。

表 7 - 6 　　　　　　　　按照政府干预程度分组后的检验结果

变量	(2) gov-a	(2) gov-b	(3) gov-a	(3) gov-b
PC	0.0018 (0.23)	0.0392 *** (3.38)	—	—
PCS	—	—	0.0014 (1)	0.0054 *** (2.90)
ROA	-0.8405 *** (-13.61)	-0.4615 *** (-6.73)	-0.8392 *** (-13.59)	-0.4561 *** (-6.64)
TA	0.0282 *** (5.85)	0.0408 *** (6.47)	0.0276 *** (5.73)	0.0409 *** (6.45)
MOIG	-0.0003 (-0.89)	-0.0066 (-0.73)	-0.0003 (-0.87)	-0.0058 (-0.63)
NATR	0.0197 *** (9.18)	0.02226 *** (5.96)	0.0199 *** (9.25)	0.0232 *** (6.12)
ONC	-0.5038 *** (-6.32)	-0.3265 *** (-2.29)	-0.5080 *** (-6.37)	-0.3590 ** (-2.51)
OT	0.0029 (0.72)	-0.0026 (-0.57)	0.0028 (0.68)	-0.0032 (-0.69)
NIR	0.0022 (0.73)	-0.1564 (-1.18)	0.0020 (0.65)	-0.0147 (-1.10)
IT	0.0006 ** (3.38)	0.00001 * (1.62)	0.0005 (3.38)	0.00001 * (1.58)
样本数	1029	663	1029	663
F	44.63	44.76	17.78	17.04
R-squared	0.2714	0.2720	0.2142	0.2107

注: *** 、** 、* 分别表示1%、5%、10%的显著性水平。

表 7 - 7 　　　　　　按照私有产权的保护程度分组后的检验结果

变量	(2) law-a	(2) law-b	(3) law-a	(3) law-b
PC	0.0025 (0.31)	0.0350 *** (3.21)	—	—
PCS	—	—	0.0012 (0.83)	0.0055 *** (3.15)
ROA	-0.8096 *** (-13.61)	-0.4975 *** (-6.81)	-0.8075 *** (-13.56)	-0.4919 *** (-6.74)

续表

变量	（2）law-a	（2）law-b	（3）law-a	（3）law-b
TA	0.0221 *** （4.62）	0.0502 *** （7.79）	0.0217 *** （4.52）	0.0498 *** （7.68）
MOIG	−0.0003 （−1.06）	−0.0093 （−1.30）	−0.0004 （−1.04）	−0.0085 （−1.18）
NATR	0.0220 *** （9.34）	0.00174 *** （5.45）	0.0221 *** （9.37）	0.0176 *** （5.53）
ONC	−0.4739 *** （−6.18）	−0.3324 *** （−2.05）	−0.4783 *** （−6.22）	−0.3623 ** （−2.24）
OT	−0.0022 （−0.71）	0.0130 （1.49）	−0.0022 （−0.71）	0.0134 （1.52）
NIR	0.0019 （0.59）	−0.0042 （−0.61）	0.0018 （0.52）	−0.0035 （−0.51）
IT	0.00002 ** （2.11）	0.0004 （1.39）	0.00002 （2.12）	0.0004 （1.41）
样本数	1138	735	1138	735
F	41.08	19.47	41.16	19.42
R-squared	0.2671	0.2119	0.2675	0.2115

注：*** 、** 、* 分别表示 1%、5%、10%的显著性水平。

根据上文的假定，我们认为，金融市场化程度较高、政府干预水平较低、私有产权保护程度较高的地区为市场化背景优越的地区，而认为金融市场化程度较低、政府干预水平较高、私有产权保护程度较低的地区为市场化背景恶劣的地区。通过对待检验模型（7.2）、模型（7.3）的检验，可以发现，政治关联对信贷融资产生的正向效应只发生在金融市场化程度较低、政府干预水平较高、私有产权保护程度较低的地区，也就是我们认定的制度背景恶劣的地区。这个结果与本书的假设 2 的预期相一致。

7.3.3　市场化进程与政治关联替代效应检验

下面，我们用待检验模型（7.4）、模型（7.5）来对假设 3 进行检验。在上一章中，我们已经证明，政治关联对民营中小企业的信贷融资具有显著的正向作用。并且，在本章假设 2 的检验结果也表明，政治关联的信贷融资便利效应会受到市场化制度背景的影响，其效应的发挥在市场化制度背景恶劣的地区较为显著，而在市场化制度背景优越的地区并不显著。接下来，我们进一步分析市场化制度背景与政治关联在民营中小企业信贷融资中的关系，通过待检验模型（7.4）、模型（7.5）来分别检验市场化进程及其与政治关联构成的交互项对民营中小企业信贷融资的影响。市场化进程的替代变量仍然是 FINANCE、GOV、LAW，而政治关联的替代变量是 PC 及 PCS。为了消除异方差和自相关的影响，本书采用 FGLS 的方法对面板数据进行回归检验。

表 7 – 8 实证结果中的（4）a、（4）b、（4）c 分别是金融市场化程度、政府干预程度及私有产权保护程度与政治关联的替代效应的检验结果。而表 7 – 9 实证结果中的（5）a、（5）b、（5）c 分别是金融市场化程度、政府干预程度及私有产权保护程度与政治关联强度的替代效应的检验结果。表 7 – 8 的实证结果可以看出，在实证结果（4）a 中，检验结果表明，金融市场化程度与民营中小企业信贷融资在 1% 的显著性水平下呈正相关，且系数为 0.0065。意味着较高的金融市场化程度有利于民营中小企业获得银行的信贷资源。交互项 FINANCE × PC 的系数为负，且在 1% 的显著性水平上显著，系数为 – 0.0014。这就意味着，在金融市场化程度较低的地区，政治关联在民营中小企业信贷融资方面有着较为重要的作用。因为，在金融市场化程度较高的地区，市场在信贷资源的配置中起着主导性的作用，民营中小企业可以通过市场化的途径获得银行的信贷资源。而在金融市场化程度较低的地区，市场在信贷资源的配置中没有发挥应有的主导作用，民营中小企业难以在市场化的基础上获得生存、发展所需的信贷资源，因此，通过建立政治关联来获取信贷资源。在实证结果（4）b 中，政府的干预程度与信贷融资之间的关系在 1% 的显著性水平上负相关，系数为 – 0.0083，但是交互项 GOV × PC 的系数在 1% 的显著性水平上为 0.0014，这说明，政府干预程度较高的地区，政治关联在民营中小企业信贷融资方面的作用较大。该检验结果也表明，在政府干预程度较低的情况下，民营中小企业对政治关联的依赖程度较低，而在政府干预程度较高的情况下，民营中小企业往往依赖于通过建立政治关联来获取信贷资源。在实证结果（4）c 中，检验结果表明，私有产权的保护程度与民营中小企业的信贷融资在 1% 的显著性水平上呈正相关，且系数为 0.0033。但是交互项 LAW × PC 的系数在 1% 的显著性水平上呈负相关，且系数为 – 0.0019。这说明，在私有产权保护程度较高的地区，民营中小企业获得信贷融资时对政治关联的依赖程度在降

低。因为，在私有产权保护程度较高的地区，企业与企业之间或企业与债权人之间的经济纠纷可以依靠完善的法律体系来解决，政治关联在其中的重要性会降低。而在私有产权保护程度较低的地区，由于缺乏完善的法律体系这一正式的保护机制，民营中小企业就要寻求非正式的保护机制，因此，对政治关联的依赖程度较强。

从表 7-9 中可以看到相似的实证结果，在实证结果（5）a 中，金融市场化程度与民营中小企业信贷融资在 1% 的显著性水平下呈正相关，且系数为0.0065，而交互项 FINANCE × PCS 的系数为负，且在 1% 的显著性水平上显著，系数为 -0.0004。在实证结果（5）b 中，政府的干预程度与信贷融资之间的关系在 1% 的显著性水平上负相关，系数为 -0.0083，但是交互项 GOV × PCS 的系数在 1% 的显著性水平上为 0.0004。在实证结果（5）c 中，检验结果表明，私有产权的保护程度与民营中小企业的信贷融资在 1% 的显著性水平上呈正相关，且系数为 0.0035。但是交互项 LAW × PCS 的系数在 1% 的显著性水平上呈负相关，且系数为 -0.0006。总体来说，模型（7.4）、模型（7.5）的实证结果较好地验证了假设 3。即市场化进程与政治关联在民营中小企业信贷融资中存在着替代效应，市场化进程较快的地区，民营中小企业通过一系列正式的保护机制及市场化的途径来获取信贷资源，而在市场化进程较慢的地区，民营中小企业更多地依靠建立政治关联这一非正式的保护机制来获得生存、发展所必需的银行信贷资源。

表 7-8　　　　市场化进程与政治关联的替代效应检验结果

变量	(4) a	(4) b	(4) c
FINANCE	0.0065 *** (6.78)	—	—
GOV	—	-0.0083 *** (-4.99)	—
LAW	—	—	0.0033 *** (3.38)
FINANCE × PC	-0.0014 *** (-3.70)	—	—
GOV × PC	—	0.0014 *** (3.40)	—

续表

变量	(4) a	(4) b	(4) c
LAW × PC	—	—	-0. 0019 *** (-2. 89)
MOIG	-0. 0009 (-1. 32)	-0. 0008 (-1. 19)	-0. 0008 * (-1. 24)
ONC	-0. 5203 *** (-9. 08)	-0. 5181 *** (-9. 35)	-0. 5136 *** (-9. 17)
SIZE	0. 0375 *** (15. 22)	0. 0338 *** (14. 33)	0. 0338 *** (14. 14)
NATR	0. 0258 *** (18. 16)	0. 0263 *** (18. 63)	0. 0267 *** (18. 60)
IT	0. 00002 ** (2. 07)	0. 00002 ** (2. 15)	0. 00002 ** (2. 41)
ROA	-0. 6436 *** (-23. 17)	-0. 6606 *** (-23. 11)	-0. 6570 *** (-21. 83)
NIR	0. 0002 (-0. 06)	-0. 0009 (-0. 23)	-0. 0006 (-0. 15)
Observation	1872	1872	1872

注：*** 、** 、* 分别表示 1% 、5% 、10% 的显著性水平。

表 7 - 9　　　　　市场化进程与政治关联强度的替代效应检验结果

变量	(5) a	(5) b	(5) c
FINANCE	0. 0065 *** (6. 84)	—	—
GOV	—	-0. 0083 *** (-5. 02)	—
LAW	—	—	0. 0035 *** (3. 54)
FINANCE × PCS	-0. 0004 *** (-5. 80)	—	—
GOV × PCS	—	0. 0004 *** (5. 54)	—
LAW × PCS	—	—	-0. 0006 *** (-4. 65)

续表

变量	(5) a	(5) b	(5) c
MOIG	−0.0009 (−1.29)	−0.0008 (−1.19)	−0.0008 * (−1.23)
ONC	−0.5203 *** (−9.31)	−0.5264 *** (−9.54)	−0.5236 *** (−9.39)
SIZE	0.0361 *** (14.58)	0.0325 *** (13.76)	0.0327 *** (13.65)
NATR	0.0257 *** (18.22)	0.0263 *** (18.69)	0.0265 *** (18.61)
IT	0.00002 ** (2.07)	0.00002 ** (2.26)	0.00002 ** (2.40)
ROA	−0.6388 *** (−23.27)	−0.6554 *** (−23.21)	−0.6542 *** (−21.84)
NIR	−0.0005 (−0.15)	−0.0011 (−0.30)	−0.0008 (−0.21)
Observation	1872	1872	1872

注：*** 、** 、* 分别表示 1%、5%、10% 的显著性水平。

7.4

稳健性检验

为了检验上述实证结果的可靠性，我们进行如下的稳健性检验。考虑到市场化制度环境在本章的假设检验中的重要性，我们通过选取市场化制度背景的其他替代变量的方式进行稳健性检验。上述实证分析中的市场化制度背景变量用的是金融市场化程度、政府干预程度及私有产权的保护程度。在稳健性检验中，我们用樊纲、王小鲁、朱恒鹏编著的《中国市场化指数——各地区市场化相对进程 2011 年报告》中各地区的市场化进程总得分这一指标作为市场化制度背景变量，因为市场化进程总得分这一指标涵盖了政府与市场之间的关系、非国有经济发展水平、产品市场的发育程度、要素市场发育程度、中介组织发育及法制程度等方面，是一项综合指标，因此，用市场化进程总得分这一指标来衡量各地区的市场化制度背景更具有全面性。同样，选取 FGLS 来对存在的异方差及自相关问题进行修正，实证结果如表 7−10 所示。从表 7−10 可以看出，市场化进程对民营中小企业的信贷融资在 1% 的显著性水平下呈高度的正相关，且系数为 0.0094，这就说明了市场化进程对破解民营中小企业信贷融资瓶颈约束有着十分重要的作用，较高的市场化程度，可以在很大程度上缓解民营中小企业的信贷融资困境。实证结果再次证明了本章的假设 1，即市场化制度背景较为优越的地区，民营中小企业面临着较少的融资约束。

表 7 – 10 　　　　　　　　市场化进程对信贷融资影响的检验结果

变量	BL
MARKETIZATION	0. 0094 *** （10. 35）
ROA	− 0. 4876 *** （ − 15. 98）
TA	0. 0280 *** （11. 86）
MOIG	0. 0187 （0. 59）
NATR	0. 0185 *** （14. 80）
ONC	− 0. 4835 *** （ − 9. 02）
OT	0. 0021 （0. 95）
NIR	− 0. 0012 （ − 0. 31）
IT	− 0. 0007 * （ − 1. 07）
QR	− 0. 0138 *** （ − 18. 64）
Observation	1872

　　注：***、**、*分别表示1%、5%、10%的显著性水平。

　　为了检验假设 2，我们将样本企业按照所在地市场化进程进行分组，找出市场化进程的平均值，然后按照平均值将样本企业分为两组，即所在地市场化进程较高组与所在地市场化进程较低组。其中，a 组为市场化进程较低组，b 组为市场化进程较高组。然后分别进行实证检验，实证结果如表 7 – 11 所示。从表 7 – 11 可以看出，民营中小企业所在地的市场化程度较高的组，政治关联与信贷融资之间的关系并不显著，而民营中小企业所在地市场化程度较低的组，政治关联与信贷融资在 10% 的显著性水平上呈正相关，且系数为 0.0185，政治关联强度与信贷融资在 10% 的显著性水平上正相关，且系数为 0.0031。这就意味着，政治关联对民营企业产生的融资便利效应在市场化进程较低的地区较为明显，而在市场化进程较高的地区并不明显。这个结论也再次证明了假设 2 的预期，即市场化制度背景越恶劣的地区，政治关联的信贷融资便利效应越显著。

表 7 - 11　　　　　　　　按照市场化进程分组后的实证结果

变量	a	a	b	b
PC	0.0185 * (1.84)	—	0.0046 (0.57)	—
PCS	—	0.0031 * (1.82)	—	0.0012 (0.88)
ROA	-0.7763 *** (-9.76)	-0.7741 *** (-9.73)	-0.4486 *** (-8.50)	-0.4486 *** (-8.51)
TA	0.0404 *** (6.78)	0.0404 *** (6.77)	0.0339 *** (7.26)	0.0335 *** (7.16)
MOIG	-0.0030 (-0.41)	-0.0028 (-0.38)	-0.0006 * (-1.61)	-0.0006 * (-1.60)
NATR	0.0147 *** (5.17)	0.0148 *** (5.21)	0.0201 *** (8.69)	0.0202 *** (8.71)
ONC	-0.5577 *** (-5.53)	-0.5678 *** (-5.62)	-0.3955 *** (-4.35)	-0.3993 *** (-4.38)
OT	0.0053 (1.36)	0.0052 (1.33)	-0.0075 * (-1.70)	-0.0074 * (-1.70)
NIR	-0.0104 (-0.87)	-0.0105 (-0.88)	0.0014 (0.48)	0.0013 (0.43)
IT	0.00003 ** (2.29)	0.00003 ** (2.28)	0.0002 (1.33)	0.0002 (1.43)
QR	0.0387 (0.29)	0.3371 (0.25)	0.3703 *** (0.38)	0.3700 *** (0.36)
Observation	1102	1102	770	770
F	56.68	56.74	26.27	26.26
R-squared	0.3419	0.3422	0.2572	0.2571

注：*** 、** 、* 分别表示 1%、5%、10% 的显著性水平。

接下来，我们选取各地区市场化进程总得分 MARKET，同时，增加市场化进程与政治关联的交互项 MARKET × PC 及市场化进程与政治关联强度的交互项 MARKET × PC，重新来验证市场化与政治关联在信贷融资中的替代作用。实证结果如表 7 – 12 所示。从表 7 – 12 可以看出，市场化进程指数在 1% 的显著性水平上与民营中小企业信贷融资之间呈正相关，且系数为 0.0100。表明市场化程度越高，民营中小企业的信贷融资约束越少。并且交互项 MARKET × PC 及 MARKET × PCS 在 1% 的显著性水平上均呈负相关，且系数分别为 – 0.0012 及 – 0.0004，说明政治关联与市场化进程在信贷融资中是相互替代的关系，该结论也证明了假设 3 的正确性，即市场化制度背景与政治关联在民营中小企业信贷融资方面存在着替代效应。在市场化制度背景较为优越的地区，优越的市场化制度背景可以在很大程度上缓解民营中小企业信贷融资困境，而在市场化制度背景较为恶劣的地区，政治关联可以在很大程度上缓解民营中小企业信贷融资困境。

表 7 – 12　　　　市场化进程与政治关联的替代效应检验结果

变量	BL	BL
MARKET	0.0100 *** (10.11)	0.0100 *** (10.15)
MARKET × PC	– 0.0012 *** (– 3.06)	—
MARKET × PCS	—	– 0.0004 *** (– 5.06)
MOIG	– 0.0009 (– 1.33)	– 0.0009 (– 1.30)
ONC	– 0.5170 *** (– 9.00)	– 0.5260 *** (– 9.20)
SIZE	0.0368 *** (15.33)	0.0367 *** (14.98)
NATR	0.0262 *** (18.19)	0.0262 *** (18.26)
IT	0.00002 ** (2.20)	0.00002 ** (2.20)
ROA	– 0.6433 *** (– 22.42)	– 0.6378 *** (– 22.47)

变量	BL	BL
NIR	−0.0012 （−0.31）	−0.0014 （−0.37）
Observation	1872	1872

注：***、**、* 分别表示1%、5%、10%的显著性水平。

7.5

政治关联的内生性讨论

本章之前关于政治关联对信贷融资的影响以及与制度背景之间的实证分析表明政治关联与信贷融资方面确实有着系统性的关系。但是，政治关联与信贷融资之间的关系不能排除伪相关的可能性，因为对于民营中小企业而言，政治关联的建立可能内生于外部制度环境之中。所以，接下来我们需要讨论一下政治关联的内生性。假如怀疑政治关联是内生于制度环境之中，则需要找到外生工具变量，且选定的工具变量满足与随机扰动项不相关，但是与内生的解释变量高度相关。这就意味着，工具变量需要满足如下两个条件，即：

$$COV(Z_i, \varepsilon_i) = 0 \tag{7.6}$$

$$COV(Z_i, X_i) \neq 0 \tag{7.7}$$

对于本书而言，政治关联作为民营中小企业信贷融资的主要解释变量，于是，使用工具变量法并建立如下联立方程来讨论政治关联的是否具有内生性。其中，BL 为银行贷款，PC 为政治关联，X 为控制变量，TRUST 为社会信任度，MARKET 为各地区市场化进程。

$$\begin{cases} BL_{it} = \alpha_0 + \alpha_1 PC_{it} + \alpha_2 X_{it} + \varepsilon_{it} & (7.8) \\ PC_{it} = \alpha_0 + \alpha_1 TRUST_{it} + \alpha_2 MARKET_{it} + \varepsilon_{it} & (7.9) \end{cases}$$

使用工具变量法的首要环节是检验选取的工具变量是否符合上述两个条件及检验模型中是否存在内生的解释变量。然后比较工具变量法（两阶段最小二乘法，2SLS）与直接进行最小二乘法（OLS）的结果，看是否有显著的系统性差异。若两种估计结果存在显著的系统性差异，则政治关联为内生解释变量。我们怀疑政治关联是内生解释变量，且试图选取社会信任度（TRUST）及市场化进程（MARKET）作为工具变量。首先，我们来考察选取 TRUST 及 MAR-KET 两个工具变量的有效性，以可能的内生变量政治关联作为因变量，其他的工具变量及控制变量为自变量进行第一阶段的回归，对 TRUST 及 MARKET 的系数进行显著性检验，实证结果如表 7 - 13 所示。可以看出，TRUST 及 MAR-KET 与政治关联（PC）在 1% 的显著性水平下高度负相关，且回归系数分别为 - 0. 0018 与 - 0. 0263，这表明，所选工具变量与可能的内生解释变量高度相关。其次，进行过度识别检验所选工具变量 TRUST 及 MARKET 是否均为外生变量，与扰动项不相关。检验结果如表 7 - 14 所示，P 值为 0. 1883，在 10%的显著性水平下不能拒绝原假设，即认为 TRUST 及 MARKET 为外生变量，与扰动项不相关。然后对是否存在弱工具变量进行检验，结果如 7 - 15 所示，"名义显著性水平"为 5% 的沃尔德检验意味着假如可以接受"真实显著性水平"不超过 15%，则可以拒绝"弱工具变量"的原假设。而检验结果发现，最小的特征值统计量为 19. 3701，大于对应的临界值 11. 59。因此，有充分的理由认为不存在弱工具变量，说明选择 TRUST 及 MARKET 作为工具变量是有效工具变量。最后，以 TRUST 及 MARKET 作为工具变量进行两阶段最小二乘法回归，将结果与普通最小二乘法进行对比。实证结果如表 7 - 16 所示，我们发现，在以 TRUST 及 MARKET 作为工具变量进行两阶段最小二乘法回归与普通最小二乘法的回归中，解释变量的系数没有发生显著性的差异。因此，我们有理由认为政治关联不具有内生性。

表 7 - 13　　　　　　　第一阶段的回归结果

被解释变量为政治关联（PC）	
TRUST	- 0. 0018 *** （ - 6. 39）
MARKET	- 0. 0263 *** （ - 3. 23）
TA	3. 1981 ** （2. 00）
NATR	- 0. 0101 * （ - 1. 61）
NIR	0. 0151 *** （3. 10）
QR	- 0. 0074 *** （ - 3. 25）

续表

被解释变量为政治关联（PC）	
MOIG	−0.0009*** （−2,97）
ROA	0.2520* （1.73）
ONC	0.5205*** （2.22）
OT	−0.0058 （−0.62）
Observation	1872
R-squared	0.0358

注：***、**、*分别表示1%、5%、10%的显著性水平。

表 7 – 14　　　　　　　　　　过度识别检验结果

变量	过度识别检验的结果	
TRUST、MARKET	Hansen J 统计量	P 值
	1.7311	0.1883

表 7 – 15　　　　　　　　　　弱工具变量检验结果

变量	R-sq.	Adjusted R-sq.	Robust F（2,1861）	Prob > F
PC	0.0358	0.0306	21.1096	0.0000
2SLS relative bias	10%	15%	20%	25%
2SLS Size of nominal 5% Wald test	19.93	11.59	8.75	7.25

Shea's partial R-squared = 0.0204

Minimum eigenvalue statistic = 19.3701

表 7 – 16　　　　　　　　　　OLS 与 IV 方法的结果

BL	OLS	IV
PC	0.2570*** （5.27）	0.6206*** （2.83）
TA	11.5719*** （3.44）	9.9082* （1.82）

续表

BL	OLS	IV
NATR	0.0670 *** (4.69)	0.0710 *** (4.26)
NIR	−0.0130 (−0.56)	−0.0190 *** (−3.93)
QR	−0.0196 *** (−2.69)	−0.0166 (−2.71)
MOIG	0.0049 * (1.69)	0.0053 *** (3.91)
ROA	−2.0235 *** (−5.82)	−2.076 *** (−4.15)
ONC	0.5944 (1.19)	0.4061 (0.24)
OT	0.0123 (0.54)	0.0144 (0.80)
截距项	0.1646 (1.64)	0.0447 (0.31)
Observation	1872	1872
R-squared	0.0550	0.0824

注：*** 、 ** 、 * 分别表示 1% 、 5% 、 10% 的显著性水平。

通过上述对政治关联内生性的检验的实证结果可以看出，政治关联不具有内生性，由于我们没有发现两种方法实证结果具有显著的系统性差异，也可以认为即便政治关联具有内生性，也不会给我们的分析带来严重的影响。同时，政治关联不具有内生性的结论说明了政治关联并非是由社会信任缺失、市场化程度不高等制度背景所内生的，在社会信任度较高、市场化程度较高的地区也会存在企业构建政治关联的现象。

7.6

本章小结

本章以 312 家中小企业板上市公司 2007 ~ 2012 年的数据为样本进行实证分析，检验市场化进程对民营中小企业政治关联融资效应的影响。实证结果表明：（1）市场化制度背景影响着民营中小企业的信贷融资，且市场化制度背景较为优越的地区，民营中小企业面临较少的融资约束。（2）市场化制度背景较为恶劣的地区，即金融市场化程度较低、政府干预程度较高、私有产权的保护程度较低，民营中小企业积极寻求非正式的保护机制即建立政治关联来改善其融资状况。并且，市场化制度背景恶劣的地区，政治关联的融资便利效应较为显著，而在市场化制度背景较为优越的地区，政治关联的融资便利效应并不显著。（3）政治关联与市场化制度背景在民营中小企业信贷融资方面存在着相互替代的效应，即市场化制度背景较为优越的地区，优越的市场化制度背景可以在很大程度上缓解民营中小企业的融资困境，而在市场化制度背景较为恶劣的地区，民营中小企业可以通过建立政治关联这一非正式的保护机制来缓解其面临的融资约束。本章的研究无疑推进了处于转型背景下民营中小企业构建政治关联以破解其面临的融资约束方面的研究。由此可见，本章的研究也较好地验证了巴特尔和布雷迪（Bartel & Brady，2003）及法乔（Faccio，2006）等人关于政府干预与政治关联方面的研究结论。

　　本章的研究表明，政治关联固然可以作为一种非正式的保护机制，在民营中小企业信贷融资方面产生一定的积极作用，但是，这种作用发挥的前提是该地区存在较低的金融市场化程度、较高的政府干预水平及私有产权保护机制的欠缺，也就是说，政治关联发挥融资便利效应的基础是民营中小企业所在地存在着较为恶劣的市场化制度背景。如果民营中小企业所在地存在着较高的市场化进程及较为优越的制度背景，则政治关联的信贷融资便利效应就不显著。所以，本章有以下的政策启示：第一，加快金融体制改革与创新，减少政府对金融领域的干预，充分发挥利率在金融市场中的杠杆作用。第二，不断推进我国的市场化进程，让市场充分地发挥资源配置的基础性作用，减少政府对经济的干预。第三，建立健全完善的私有产权保护机制，加快法制体系建设，充分保护私有产权所有者的权益，为微观市场主体提供公平的竞争环境。只有为民营中小企业创造了优越的制度环境，才能使其致力于提高自身的市场竞争力，而非致力于通过寻租行为建立政治关联，以此来克服缺陷的制度对企业可能产生的种种不利影响。

第 **8** 章

研究结论与启示

在前文的理论研究与经验分析的基础上，本章对本书的研究结果进行高度的概括，并在既得的研究结论基础上从民营中小企业和政府两个角度提炼出相应的决策启示。

研究结论

自古以来，我国都是一个"关系型社会"，人们在交往、交易中不自觉地将"关系"作为处理问题的重要手段，在长期的社会发展进程中，"关系"作为一种非正式的制度被不断强化，成为中国社会结构最基本的特征，也成为各种社会研究的"底色"和"背景"。而政治关联实质上是一种比较特殊的政企"关系"，从利益相关者的角度考虑，我国的民营中小企业长期处于我国资源配置体制性主从次序最底端，作为市场上追求利润最大化的"理性人"，其之所以会花费成本构建政治关联，无疑是因为政治关联可以带来诸多好处。对于民营中小企业而言，目前制约其发展的重要桎梏就是融资约束。且对于民营中小企业各种融资途径来说，信贷融资是其最具现实可能性的融资渠道。信贷融资渠道的畅通将在很大程度上改善民营中小企业的融资困境。因此，我国的民营中小企业竞相构建政治关联是否会对其信贷融资产生影响是本书需要探讨的首要问题。假如政治关联可以在一定程度上缓解民营中小企业的融资困境，那么，这种效应的发挥是否会受到我国转轨时期制度背景的影响也是我们所需要深入探讨的。因此，本书重点考察了民营中小企业政治关联对信贷融资的影响，并全面地分析了制度环境是如何影响中小企业政治关联效应的发挥。

本书以民营中小企业信贷融资约束下非正式保护机制的寻求为切入点，深入挖掘其构建政治关联的动机及面临的制度约束，通过借鉴斯宾塞劳动力市场模型构建信贷市场信号传递模型，刻画政治关联充当信号传递机制帮助信贷市场实现分离均衡的情形，并且以 321 家中小企业板上市的民营中小企业 2007～2012 年的经验数据为样本，实证检验民营中小企业政治关联的信号传递功能，研究对其信贷融资的影响，且加入社会信任度与市场化程度两个制度背景变量对政治关联的融资效应进行扩展检验。最终的研究结论可以归纳为以下三个方面：

（1）民营中小企业政治关联可以作为一种非正式的保护制度，对民营中小企业的信贷融资有着正向的促进作用。

我国的民营中小企业长期受到资源配置体制性主从次序的影响，在社会资源获取方面难以与国有企业同样受到"国民待遇"。可以说，民营中小企业从成立之初就挣扎的存活于某些歧视性的制度安排中。当然，受到改革开放浪潮的助推，民营经济获得了较快的发展，成为国民经济中不可或缺的一部分，但是在很多方面仍然受到不公平的待遇，生产面临许多不确定的因素，尤其是在融资方面遭受的信贷歧视局面依然没有得到根本性的扭转，信贷融资难已经成为民营中小企业发展中面临的重要障碍。然而，信贷融资困境的产生既有企业自身固有的"先天不足"因素，也离不开当前整个外部制度环境的原因。例如，民营中小企业群体不良声誉的影响、社会信任度不足以达到银企交易所需的程度、金融资源无法完全按照市场化机制配置等因素，都是民营中小企业自身难以冲破的制度障碍。民营中小企业若想在这种制度环境下获得其生存、发展所需的社会资源，就必须寻找一种非正式的保护机制，即构建政治关联。

（2）政治关联作为一种信号传递机制，可以使信贷市场达到斯宾塞－莫里斯分离均衡，这在很大程度上降低了银企之间的信息不对称及其他的交易成本，因而，建立政治关联的民营中小企业面临较少的融资约束。

对于渴望获得信贷融资的民营中小企业而言，政治关联可以充当信号传递机制，向银行等金融机构传递优质企业的信号，这在很大程度上可以降低银企之间的信息不对称。因为，我们通常情况下认为，能与政府建立政治关联的企业是效益较好、信誉较高且对地方经济、税收、就业做出较大贡献的优质企业。政治关联可以发挥传递优质企业信号的作用，缓解银企之间的信息不对称，帮助民营中小企业获得信贷市场上的稀缺资源。并且，针对我国市场化机制不健全，许多重要社会资源的配置并非完全依靠市场机制的制度背景，民营中小企业构建政治关联可以通过寻租行为来获得稀缺资源，成功构建政治关联的企业意味着自身拥有了社会资源的优先享用权。因此，从这层意义上讲，政治关联无疑能帮助民营中小企业缓解融资约束。且利用312家深圳交易所中小企业板上市公司2007～2012年的经验数据进行检验，实证结果表明，政治关联对民营中小企业信贷融资有着显著的促进作用。

（3）民营中小企业政治关联融资效应的发挥受到地区制度背景的影响，并且，政治关联与制度背景在民营中小企业融资中有着相互替代的作用。

本书分别选取了社会信任度与市场化程度作为制度背景变量。实证结果发现：

第一，民营中小企业政治关联的融资效应的发挥受到社会信任度的影响。在社会信任度较高的地区，政治关联对信贷融资的正向效应并不显著；而在社会信任度较低的地区，政治关联对信贷融资的正向效应较为显著；社会信任与政治关联对民营中小企业信贷融资有着相互替代的作用。在社会信任度较高的地区，民营中小企业可以通过正规的信用体系向银行等金融机构传递优质企业的信号，此时，社会信任度在信贷融资中起着十分重要的作用。而在社会信任度较低的地区，民营中小企业试图通过构建政治关联向银行等金融机构传递优质企业的信号，此时，政治关联在信贷融资中起着十分重要的作用。并且，政治关联的普遍构建会降低某地区的社会信任度。因此，可以说，政治关联与社会信任在民营中小企业信贷融资中起着相互替代的作用，实证检验的结果也很好地证明了该结论。

第二，民营中小企业政治关联的融资效应的发挥受到市场化程度的影响。通常情况下认为，政府对市场干预较少、金融市场化程度较高及对私有产权的保护程度较高的地区为市场化程度较高的地区。在市场化程度较高的地区，政治关联对信贷融资的正向效应并不显著；而在市场化程度较低的地区，政治关联对信贷融资的正向效应较为显著；市场化程度与政治关联对民营中小企业信贷融资有着相互替代的作用。在市场化程度较高的地区，民营中小企业可以通过优胜劣汰的市场化机制获得信贷资源，此时较高的市场化程度对民营中小企业信贷融资有着十分重要的作用。而在市场化程度较低的地区，民营中小企业无法通过市场化机制获取信贷资源，就会求助于非正式的保护机制——政治关联来帮助其获得信贷资源，此时政治关联对信贷融资的影响较为显著。因此，可以说政治关联与较高的市场化程度对民营中小企业信贷融资起着相互替代的作用。

8.2

启示

本书的理论与经验研究引发了笔者对民营中小企业的政治关联、信贷融资及当前我国转轨时期制度背景问题的进一步思考。为了从根本上改善民营中小企业信贷融资困境，避免民营中小企业普遍建立政治关联对我国现有制度的侵害，笔者从以下两个方面提出相应的策略建议。

（1）对民营中小企业的启示与建议。

就本书的研究结果而言，构建政治关联确实可以在很大程度上缓解民营中小企业的信贷融资困境，对民营中小企业突破融资约束具有一定的积极作用。但是，企业构建政治关联时往往没有考虑到机会成本，那些原本应该用于生产性活动的企业家的时间、金钱及精力却被用于非生产性活动，企业家片面地追求良好的政企关系及自身的政治地位，这在客观上已经造成了企业行为的扭曲。少数企业获得"政治关联红利"的同时会引起其他企业的盲目效仿，最后企业家构建政治关联大竞赛的现象就会不可避免地出现。企业与企业之间竞争不再是生产效率、盈利能力的较量，而是有无政治关联、政治关联强弱的较量，最终民营中小企业的精力被完全锁定于"关系"上，而企业在市场上的核心竞争力自然无从谈起。从长远来看，这不但有害于单个民营中小企业的发展，对我国民营经济乃至国民经济的持续发展也极为不利。

因此，要打破民营中小企业面临的融资桎梏，民营中小企业应注重加强自身素质建设，建立透明的财务制度，用科学的决策机制来降低经营风险，真正地建立银企之间的良好信任，倡导通过公平竞争的市场化手段来获取信贷资源，而并非一味地依赖政治关联这一非市场化手段。民营中小企业加强自身建设，一方面可以提高自身的盈利能力，疏通内源融资渠道；另一方面也可以真正地获取银行等金融机构的信任，建立良好的银企关系，缓解银企之间的信息不对称，破解信贷融资难题。若民营中小企业一味地依赖政治关联这一非正规的手段来获取信贷资源，企业必将在构建政治关联方面耗费大量的精力，忽视自身盈利能力的提高，最终为其发展带来不利影响。另外，还可能导致民营中小企业群体放弃市场化途径获取信贷资源，将政治关联看作是企业发展的重要战略，这势必会减缓我国市场经济的前进步伐，同时也不利于社会信任的确立。因此，对于民营中小企业而言，政治关联并非是一种可以普遍复制的非正式保护机制，民营中小企业还需要从加强自身建设的角度出发，破解融资约束。

（2）对政府的启示与建议。

经历 30 余年的改革开放，我国的经济体制改革取得了十分瞩目的成就，确立了中国特色社会主义市场经济体制，市场在资源配置中的基础性作用也日益凸显。但与此同时，不可否认政府在宏观调控中依然存在"缺位""错位""越位"的现象，许多社会经济资源的配置权及制度环境的控制力还掌握在政府手中，"大政府"的影子并没有完全的消除。也因此，民营中小企业为了获取生存所必需的稀缺资源，为了得到有利于自身发展的稳定环境便会去构建政治关联。换言之，当民营中小企业面临市场体制缺陷、法制缺陷、信用缺失等制度背景时，难以通过健全的市场化机制、完善的法律机制及良好的社会信用状况来获得经济资源时，就可能会花费心思去构建政治关联，希望政治关联成为一种非正式的保护机制，为自身发展扫清制度障碍。从这个层面上讲，民营中小企业构建政治关联具有某种无奈性。本书的实证研究也表明了，政治关联效应的发挥受到制度背景的影响，在制度背景较为优越的地区，政治关联效应并不显著。而在制度背景较为恶劣的地区，政治关联效应较为显著。因此，要想避免政治关联为企业及整个社会环境带来不利影响，建立完善的制度显得十分迫切和有意义。

因此，加快我国市场化改革进程，不断减少政府对市场的干预，尽快完善私有产权保护方面的法律、法规，同时，还要加快征信体系的构建，因为塑造良好的外部竞争环境是改善我国民营中小企业融资现状、推动我国经济健康、快速发展的首要环节。政府作为中国特色社会主义市场经济体制的设计者，有责任去改善目前的市场制度环境、法制环境、信用环境，为民营中小企业提供一个公平、公正、竞争、有序的市场环境。本研究的实证结果表明，在制度健全的地区，民营中小企业的政治关联效应并不显著。因此，政府的职责在于不断完善我国的市场化机制，尽快构建社会征信体系，确保企业可以在健全的制度环境中通过优胜劣汰机制获取社会资源，而非一味地依靠构建政治关联去争夺社会资源。只有这样才能从根本上弱化企业政治关联的构建诉求，也只有这样才能使民营中小企业专注于提高自身的经营管理水平，形成民营中小企业之间的良性竞争局面，促进我国民营经济的持续、健康发展。

参 考 文 献

[1] [美] 爱德华·肖. 经济发展中的金融深化 [M]. 上海：上海三联书店，1991.

[2] 奥恩斯坦，埃尔德. 利益集团、院外活动和政策制订 [M]. 北京：世界知识出版社，1981.

[3] 蔡地，万迪昉. 民营企业家政治关联、政府干预与多元化经营 [J]. 当代经济科学，2009 (11)：17 – 22.

[4] 曹凤歧. 建立和健全中小企业信用担保体系 [J]. 金融研究，2001，251 (5)：14 – 18.

[5] 陈别，陆铭，何俊志. 权势与企业家参政议政 [J]. 世界经济，2008 (6)：42 – 43.

[6] 陈东琪. 新政府干预论 [M]. 北京：首都经济贸易大学出版社，2000.

[7] 陈怀远. 对湖北几种名优品牌夭折的原因分析 [J]. 湖北社会科学，2000 (5)：17 – 22.

[8] 邓建平，曾勇. 政治关联能改善民营企业的经营绩效吗 [J]. 中国工业经济，2009 (2)：98 – 108.

[9] 董明. 论当前我国私营企业主阶层政治参与 [J]. 中共宁波市委党校学报，2005 (1)：15 – 19.

[10] 杜兴强，郭剑花，雷宇. 政治联系方式与民营上市公司业绩：政府干预抑或关系 [J]. 金融研究，2009 (11)：158 – 173.

[11] 杜兴强，雷宇，郭剑花. 政治联系、政治联系方式与民营上市公司的会计稳健性 [J]. 中国工业经济，2009 (7)：87 – 97.

[12] 杜兴强，周泽将. 政治联系成绩与中国民营上市公司真实业绩 [J]. 经济与管理研究，2009 (8)：37 – 49.

［13］樊纲，王小鲁，朱恒鹏．中国市场化指数——各地区市场化相对进程 2009 年报告［M］．北京：经济科学出版社，2010．

［14］樊纲．金融发展与企业改革．北京：经济科学出版社，2000．

［15］樊帅．企业非市场战略与市场战略整合互动研究［D］．华中科技大学博士论文，2009．

［16］冯天丽，井润田．制度环境与私营企业家政治联系意愿的实证研究［J］．管理世界，2009（8）：81－91．

［17］高鸿业．微观经济学［M］．北京：中国人民大学出版社，2006：373－396．

［18］高勇强，田志龙．西方公司政治战略与战术述评［J］．外国经济与管理，2003（9）：34－38．

［19］格雷戈里，塔涅夫，赵红军，黄烨青．中国民营企业的融资问题［J］．经济社会体制比较，2001（6）：51－55．

［20］郭剑花，杜兴强．政治联系、预算软约束与政府补助的配置效率——基于中国民营上市公司的经验研究［J］．金融研究，2011（2）：114－128．

［21］何镜清，李善民，周小春．民营企业家的政治关联、贷款融资与公司价值［J］．财经科学，2013（1）：11－18．

［22］胡君晖．行为金融理论视角下中小企业融资困境研究［D］．博士学位论文，华中科技大学，2011．

［23］胡旭阳，史晋川．民营企业的政治资源与民营企业多元化投资——以中国民营企业 500 强为例［J］．中国工业经济，2008（4）：5－14．

［24］胡旭阳．民营企业家的政治身份与民营企业的融资便利——以浙江省民营百强企业为例［J］．管理世界，2006（5）：107－113．

［25］黄忠东．一种嵌入式的企业政治战略模型［J］．华东经济管理，2003（5）：44－46．

［26］［美］劳伦斯·纽曼．社会学研究方法［M］．北京：中国人民大学出版社，2008．

［27］李宝梁．从超经济强制到关系性合意——对私营企业主政治参与过程的一种分析［J］．社会学研究，2001（1）：63－75．

［28］李大元，项保华，陈应龙．企业动态能力及其功效：环境不确定性的影响，南开管理评论［J］．2009（12）：60－68．

［29］李庚寅. 中国工业中小企业行业分布实证研究［J］. 经济学家，
2003（5）：25 – 32.

［30］李维安，邱艾超，古志辉. 双重公司治理环境、政治联系偏好与公司绩效［J］. 中国工业经济，2010（6）：85 – 95.

［31］李维安，邱艾超，古志辉. 双重公司治理环境、政治联系偏好与公司绩效——基于中国民营上市公司治理转型的研究［J］. 中国工业经济，2010（6）：85 – 95.

［32］李维安，邱艾超. 民营企业治理转型、政治联系与公司业绩［J］. 管理科学，2010（8）：2 – 14.

［33］连军，刘星，杨晋渝. 政治联系、银行贷款与公司价值［J］. 南开管理评论，2011（5）：48 – 57.

［34］连军. 政治联系、市场化进程与权益资本成本——来自中国民营上市公司的经验证据［J］. 经济与管理研究，2012（2）：32 – 39.

［35］林毅夫，李永军. 中小金融机构发展与中小企业融资［J］. 经济研究，2001（1）：10 – 18.

［36］罗党论，黄琼宇. 民营企业的政治关系与企业价值［J］. 管理科学，2008（6）：21 – 28.

［37］罗党论，刘璐. 民营上市公司"出身"、政治关系与债务融资［J］. 经济管理，2010（7）：112 – 119.

［38］罗党论，刘晓龙. 政治关系、进入壁垒与企业绩效——来自中国民营上市公司的经验数据［J］. 管理世界，2009（5）：97 – 106.

［39］罗党论，魏翥. 政治关联与民营企业避税行为研究——来自中国上市公司的经验证据［J］. 南方经济，2012（11）：32 – 29.

［40］罗党论，甄丽明. 民营控制、政治关系与企业融资约束——基于中国民营上市公司的经营证据［J］. 金融研究，2008（12）：164 – 178.

［41］罗瑕，李永强，饶健. 公司战略管理——理论与务实［M］. 成都：西南财经大学出版社，2004.

［42］［德］马克斯·韦伯著，冯克利译. 学术与政治［M］. 北京：三联书店出版社，1998.

［43］［美］罗纳德·麦金农. 经济市场化的次序［M］. 上海：上海三联书店、上海人民出版社，1993.

[44] 潘红波，余明桂. 政治关系、控股股东利益输送与民营企业绩效[J]. 南开管理评论，2010（4）：14 - 27.

[45] 潘越，戴亦一，李财喜. 政治关联与财务困境公司的政府补助——来自中国 ST 公司的经验证据[J]. 南开经济评论，2009（12）：6 - 17.

[46] 孙锋，刘凤委，李增泉. 市场化程度、政府干预与企业债务期限结构——来自我国上市公司的经验证据[J]. 经济研究，2005（5）：52 - 63.

[47] 田志龙，高勇强. 我国经济转型时期政府对企业行政干预的弱化与影响[J]. 华中理工大学学报，1997（3）：64 - 67.

[48] 田志龙，贺远琼. 公司政治行为：西方相关研究综述与评价[J]. 中国软科学，2003（2）：68 - 74.

[49] 王亮. 企业政治行为的动机分析及战略选择研究[D]. 博士学位论文，中国科学技术大学，2007.

[50] 维斯库斯著，陈甫军等译. 反垄断与管制经济学[M]. 北京：机械工业出版社，2004.

[51] 卫武，田志龙. 企业政治行为：经济与组织对其影响的研究[J]. 管理科学，2004（3）：2 - 7.

[52] 卫武，田志龙，刘晶. 我国企业经营活动中的政治关联性研究[J]. 中国工业经济，2004（4）：67 - 75.

[53] 卫武. 中国环境下企业政治资源、政治策略和政治绩效及其关系研究[J]. 管理世界，2006（2）：95 - 109.

[54] 魏锋，罗竹凤. 董事会政治背景对公司获得银行贷款的影响——基于中国中小企业板上市公司的实证研究[J]. 山西财经大学学报，2011（1）：101 - 108.

[55] 吴文锋，吴冲锋，刘晓薇. 中国民营上市公司的政府背景与公司价值[J]. 经济研究，2008（7）：130 - 141.

[56] 吴文锋，吴冲锋，芮萌. 中国上市公司高管的政府背景与税收优惠[J]. 管理世界，2009（3）：134 - 142.

[57] 辛清泉，郑国坚，杨德明. 企业集团、政府控制与投资效率[J]. 金融研究，2007（10）：123 - 142.

[58] 辛清泉. 政府控制、资本投资与治理[M]. 北京：经济科学出版社，2009.

[59] 熊会兵，肖文韬，邓新明．企业政治战略与经济绩效：基于合法性视角 [J]．中国工业经济，2010（10）：138 - 147.

[60] 徐晋，贾馥华，张祥建．中国民营企业的政治关联、企业价值与社会效率 [J]．人文杂志，2011（4）：66 - 80.

[61] 徐细雄，杨卓，刘星．企业政治联系研究前沿探析 [J]．外国经济与管理，2010（3）：26 - 32.

[62] 杨蕙馨、郑军．转型经济条件下的企业进入和成长——进入壁垒与民营企业的成长——吉利集团案例研究 [M]．中国制度变迁的案例研究 [J]．2000（5）：173 - 176.

[63] 杨宇立．审视中国——现代化进程的政治经济分析 [M]．北京：中国发展出版社，2000.

[64] 于蔚，汪淼军，金祥荣．政治关联和融资约束：信息效应与资源效应 [J]．经济研究，2012（9）：126 - 139.

[65] 余明桂，回雅甫，潘红波．政治联系、寻租与地方政府财政补贴有效性 [J]．经济研究，2010（3）：65 - 77.

[66] 余明桂，潘红波．政治关系、制度环境与民营企业银行贷款 [J]．管理世界，2008（8）：9 - 21.

[67] 张建君，张志学．中国民营企业家的政治战略 [J]．管理世界，2005（7）：94 - 105.

[68] 张杰．渐进改革中的金融支持 [J]．经济研究，1998（10）：51 - 56.

[69] 张杰．民营经济的金融困境与融资次序 [J]．经济研究，2000（4）：3 - 10.

[70] 张捷．结构转换期的中小企业金融研究 [M]．北京：经济科学出版社，2003.

[71] 张捷．中小企业的关系型贷款与银行组织结构 [J]．经济研究，2002，（6）：32 - 33.

[72] 张敏，黄继承．政治关联、多元化与企业风险——来自我国证券市场的经验证据 [J]．管理世界，2009（7）：156 - 164.

[73] 张敏，张胜，王成方等．政治关联与信贷资源配置效率——来自我国民营上市公司的经验证据 [J]．管理世界，2010（11）：143 - 153.

［74］张维迎，柯荣住．信任及其解释：来自中国的跨省调查分析［J］．经济研究，2002（10）：59－70．

［75］张维迎．博弈论与信息经济学［M］．上海：上海人民出版社，2004：165－180．

［76］周冰．中国转型期经济改革理论的发展［J］．南开学报（哲学社会科学版），2004（2）：30－43．

［77］朱国宏．经济社会学［M］．上海：上海复旦大学出版社，2003．

［78］Acemoglu，D．，Johnson，S．，Kermani，A．，Kwak，J. and Mitton，T. The Value of Political Connections in the United States［R］．Working Paper，2010．

［79］Adhikari A．，Derashid C．，Zhang H. Public Policy，Political Connections，and Effective Tax Rates：Longitudinal Evidence from Malaysia［J］．Journal of Accounting and Public Policy，2006，25（5）：574－595．

［80］Agrawal，A. and Knoeber，C. R. Do Some Outside Directors Play a Political Role?［J］．Journal of Law and Economics，2001，44（1）：179－198．

［81］Allen F．，Qian J．，Qian M. J. Law，Finance and Economic Growth in China［J］．Journal of Financial Economics，2005，77（2）：57－116．

［82］Andvig，J. C. The Economics of Corruption：A Survey［J］．Studi Economici，1991，43：57－94．

［83］Aranson，P. H. Theories of Economic Regulation：From Clarity to Confusion［J］．Journal of Law and Polities，1990，6（2）：247－286．

［84］Armstrong，J. S. Economic Deregulation：Days of Reckoning for Microeconomists［J］．International Journal of Forecasting，1996，12（1）：183－184．

［85］Armstrong，M．，Cowan，S. & Vickers，J. R. egulatory Reform：Economic Analysis and British Experience［M］．London：MIT Press，1994．

［86］Asli，D. K．，and Vojislav，V. Law，Finance，and Firm Growth［J］．Journal of Finance，1998，53（6）：2107－2137．

［87］Atkinson，A. B．，Stiglitz，J. E. Lectures on Public Economics［M］．London：McGraw－Hill. 1980．

［88］Avereh，H. & Johnson，L. Behavior of the Firm under Regulatory Constraint［J］．American Economic Review，1962，52（5）：1053－1069．

［89］ Backman, Michael. Asian Eclipse: Exposing the Dark Side of Business in Asia ［M］. Wiley: SingaporE. 1999.

［90］ Barnish, T. L. The Challenge for Incentive Regulation ［J］. Public Utilities Fortnightly, 1992, 15 (129): 15 – 17.

［91］ Bartels, L. , Brady, H. 2003. Economic Behavior in Political Context ［J］. American Economics Review, 2003, 93 (2): 156 – 161.

［92］ Baumol, W. J. & Willig, R. D. Fixed Costs, Sunk Costs, Entry Barriers, and Sustainability of MonoPoly ［J］. Quarterly Journal of Eeonomies, 1981, 96 (3): 405 – 431.

［93］ Baumol, W. J. Toward a Theory of Public Enterprise ［J］. Atlantic Economic Journal, 1984, 12 (1): 13 – 19.

［94］ Baxter, N. D. Leverage, Risk of Ruin and the Cost of Capital ［J］. Journal of Finance, 1967, 22 (1): 395 – 403.

［95］ Becker, G. S. A Theory of Competition among Pressure Group for Political Influence ［J］. Quarterly Journal of Economics, 1983, 98 (3): 371 – 400.

［96］ Berger, A. N. and Udell, G. F. , The economics of small business finance: The roles of private equity. and debt markets in the financial growth cycle, Journal of Banking and Finance, 1998, 22 (8): 613 – 673.

［97］ Berger, A. N, Udell, G. F. Relationship Lending and Lines Credit in small firm finance ［J］. Journal of Business 1995, 68: 351 – 382.

［98］ Bertrand, M. Politically Connected CEOs and Corporate Outcomes: Evidence from France ［R］. University of Chicago, working paper. 2006.

［99］ Booth, L. , V. Aivazian, A, Kunt – Demirguc. Capital Structure in Developing Courtries ［J］. Journal of Finance 2000, 56: 87 – 130.

［100］ Boubakri, N. , J. C. Cosset, W. Saffar. Political Connections of Newly Privatized Firms ［J］. Journal of Corporate Finance, 2008, 14 (5): 654 – 673.

［101］ Boubakri, N. , Cosset, J. and Saffar, W. Politically Connected Firms: An International Event Study ［R］. SSRN Working Paper, 2009.

［102］ Bourgeois, Ⅲ. L. On the Measurement of Organizational Slack ［J］. The Academy of Management Review, 1981, 6 (1): 29 – 39.

［103］ Bromiley, P. Testing a Causal Model of Corporate Risk Taking and Performance〔J〕. The Academy of Management Journal, 1991, 34（1）: 37 – 59.

〔104〕Buchanan, J. An Economic Theory of Clubs〔J〕. Econometriea, 1965, 33: 1 – 14.

〔105〕Buchanan, J. & wagner, R. Democracy in Defieit: The Political Legacy of Lord Keynes〔M〕. San Diego: Academie Press, 1977.

〔106〕Bunkanwanicha, P. and Wiwattanakantang, Y. Big Business Owners in Politics〔J〕. Review of Financial Studies, 2009, 22（6）: 2133 – 2168.

〔107〕Burgess, G. H. The Economics of Regulation and Antitrust〔M〕. Portland state University, 1995.

〔108〕Calvert, R. L. , McCubbins, M. D. & Weingast, B. R. A Theory of Political Control and Agency Discretion〔J〕. American Journal of Political Science 1989, 33（3）: 588 – 611.

〔109〕Chaney, P. K. , Faccio, M. and Parsley, D. The Quality of Accounting Information in Politically Connected Firms〔J〕. Journal of Accounting and Economics, 2011, 51（1 – 2）: 58 – 76.

〔110〕Chang, E. C. and Wong, S. M. Political Control and Performance in China's Listed Firms〔J〕. Journal of Comparative Economics, 2004, 32（4）: 617 – 636.

〔111〕Chutathong, C. , Raja, K. and Yupana, W. K. Crony Lending Thailand before the Financial Crisis〔R〕. Journal of Business, 2006, 79（6）: 181 – 218.

〔112〕Claessens, S, Feijen, E, Laeven, L. Political Connection and Preferential Access to Finance: The Role of Campaign Contributions〔J〕. Journal of Financial Economics, 2008, 88（3）: 554 – 580.

〔113〕Claessens, S. , Djankov, S. and Lang, L. H. P. The Separation of Ownership and Control in East Asian Corporations〔J〕. Journal of Financial Economics, 2000, 58（10）: 81 – 112.

〔114〕Claessens, S. , Feijend, E. and Laeven, L. Political Connections and Preferential Access to Finance: The Role of Campaign Contributions〔J〕. Journal of Financial Economics, 2008, 88（12）: 554 – 580.

〔115〕Crew, M. A. , Kleindorfer, P. R. The Economics of Public Utility Regulation [M]. The Macmillian Press, 1986.

[116] Cull, R., Xu, L. C. Institutions, Ownership, and Finance: The De-terminants of Profit Reinvestment among Chinese Firms [J]. Journal of Financial Economics, 2005, 77 (1): 117 – 146.

[117] Dahl, R. A. Who Governs? Democracy and Power in the City [M]. New Haven: Yale University Press, 1961.

[118] Demirgu – Kunt, A. and Maksimovic, V. Law, Finance, and Firm Growth [J]. Journal of Finance, 1998, 53 (6): 2107 – 2137.

[119] Demsetz, H. Why Regulate Utilities? [J]. Journal of Law and Eeono-mies, 1968, 11 (1): 55 – 65.

[120] Demsetz, H. Barriers to Entry [J]. American Economic Review, 1982, 72: 47 – 57.

[121] Din, I. S. Politicians and Banks: Political Influences on Government – Owned Banks in Emerging Markets [J]. Journal of Financial Economics, 2005, 77 (2): 453 – 479.

[122] Dombrovsky, V. Political Connections and Firm Performance: The Latvian Way, Working Paper from SSRN, 2008.

[123] Dombrovsky, V. Do Political Connections Matter? Firm – Level Evi-dence from Latvia [R]. SSRN Working Paper, 2008.

[124] Downs, A. An Economic Theory of Democracy [M]. New York: Har-per and Row, 1957.

[125] Ekelund, R. B. The Foundations of Regulatory Economics [M]. 1998.

[126] Ellig, J. Endogenous Change and Economic Theory of Regulation [J]. Journal of Regulation Eeonomies, 1991, 3 (3): 265 – 274.

[127] Faccio, M. Politically Connected Firms [J]. American Economics Re-view, 2006, 96 (1): 369 – 386.

[128] Faccio, M., Masulis, R. W., and McConnell, J. Political Connec-tions and Corporate Bailouts [J]. The Journal of Finance, 2006, 61 (6): 2597 – 2635.

[129] Faccio, M. The Characteristics of Politically Connected Firms [R]. Working Paper, Purdue University, 2007.

［130］ Fan, J. P. H., Wong, T. J. and Zhang, T. Politically Connected CEOs, Corporate Governance, and Post – IPO Performance of China's Newly Partially Privatized Firms ［J］. Journal of financial Economics, 2007, 11 （1）: 129 – 171.

［131］ Fan, J. R. H., Rui, O. M. and Zhao, M. Public Governance and Corporate Finance: Evidence from Corruption Cases ［J］. Journal of Comparative Economics, 2008, 36 （3）: 343 – 364.

［132］ Ferguson, T. and Voth, H. J. Betting on Hitler: The Value of Political Connections in Nazi Germany ［J］. Quarterly Journal of Economics, 2008, 123 （1）: 101 – 137.

［133］ Fisman, R. and Svenson, J. Are Corruption and Taxation Really Harmful to Growth? Firm Level Evidence ［J］. Journal of Development Economics, 2007, 83 （1）: 63 – 75.

［134］ Fisman, D., Fisman, R., Galef, J. and Khurana, R. Estimating the Value of Connections to Vice – President Cheney ［R］. Working Paper, 2006.

［135］ Fisman, R. Estimating the Value of Political Connections ［J］. American Economic Review, 2001, 91 （4）: 1095 – 1102.

［136］ Fisman, R. Estimating the Value of Political Connections ［J］. American Economic Review, 2001, 91 （3）: 1095 – 1102.

［137］ Francis, B. B., Hasan, I. and Sun, X. Political Connections and the Process of Going Public: Evidence from China ［J］. Journal of International Money and Finance, 2009, 28 （4）: 696 – 719.

［138］ Frye, T. and Shleifer, A. The Invisible Hand and the Grabbing Hand ［J］. American Economic Review, 1997, 87 （2）: 354 – 358.

［139］ Goldman, E., Rocholl, J. and So, J. Do Politically Connected Boards Affect Firm Value? ［J］. Review of Financial Studies, 2009, 22 （6）: 2331 – 2360.

［140］ Goldman, E., So, J. and Rocholl, J. Politically Connected Boards of Directors and the Allocation of Procurement Contracts ［R］. SSRN Working Paper, 2008.

［141］ Houston, J. R., Jiang, L., Lin, C. and Ma, Y. Political Connections and the Cost of Borrowing ［R］. SSRN Working Paper, 2011.

[142] Huntington, S. P. Political Order in Changing Societies [M]. New Haven: Yale University Press, 1968.

[143] Jensen M. C. , Meckling W. H. Theory of the Firm: Managerial Behavior, Agency Cost and Ownership Structure [J]. Journal of Financial Economics, 1976, 3 (4): 305 - 360.

[144] John L. Nesheim. High Tech Start Up. Saratoga, CA. 1997 M. C. Jensen, R. S. Ruback the Market for Corporate Control [J]. Journal of Financial Economics, 1984, 11: 5 - 50.

[145] Jordan, W. A. Producer Protection, Prior Market Structure and the Effcets of Government Regulation [J]. Journal of Law and Economies, 1972, 15 (1): 151 - 176.

[146] Jordan, S. Contingent Political Capital and International Alliances: Evidence from South Korea [J]. Administrative Science Quarterly, 2007, 52 (8): 621 - 666.

[147] Joskow, P. L. Economic Regulation [M]. Cheltenham, UK: Northampton, Ma, USA, 2000.

[148] Khwaja, A. I. and Mian, A. Do Lenders Favor Politically Connected Firms? Rent Provision in an Emerging Financial Market [J]. Quarterly Journal of Economics, 2005, 120 (4): 1371 - 1411.

[149] Krueger, A. O. The Political Economy of the Rent - Seeking Society [J]. American Economic Review, 1974, 64 (3): 291 - 303.

[150] Latvia [R]. SSRN Working Paper, 2011.

[151] Leuz, C. and Oberholzer - Gee, F. Political Relationships, Global Financing, and Corporate Transparency: Evidence from Indonesia [J]. Journal of Financial Economics, 2006, 81 (2): 411 - 439.

[152] Li H. B. , Meng L. S. , Wang Q, Zhou L. A. Political Connections, Financing and Firm Performance: Evidence from Chinese Private Firms [J]. Journal of Development Economics, 2008, 87 (2): 283 - 299.

[153] Li, H. , Meng, L. and Zhang, J. Why Do Entrepreneurs Enter Politics? Evidence from China [J]. Economic Inquiry, 2006, 44 (3): 559 - 578.

[154] Lin, J. , Cai, F. and Li, Z. Competition, Policy Burdens, and State-

owned Enterprise Reform [J]. American Economic Review, 1998, 88: 422 – 427.

[155] Lu, Y. Political Connections and Trade Expansion [J]. Economics of Transition, 2011, 19 (2): 231 – 254.

[156] Magee, S. R., Brock, W. A. and Young, L. Black Hole Tariffs and Endogenous Policy Theory [M]. Cambridge, Mass. : Cambridge University Press, 1989.

[157] Maurer, H. Alleghenies Verwaltungsrecht (6th edition) [M]. Munich, Beck C. H. 1988.

[158] Mill, J. S. Principles of Political Economy with Some of Their Applications to Social [M]. London, Longmans, Green and Co. , ed. 1848.

[159] Modigliani, F. & Miller, M. Corporation Income Taxes and the Cost of Capital: A Correction, American Economic Review, 1963, 53: 433 – 443.

[160] Modiliani, Franco and Miller, Merton H. The Cost of Capital, Corporation Finance, and the Theory of Investment, American Economic Review, vol. 48, 1958.

[161] Murphy, K. M. , Shleifer, A. and Vishny, R. W. Why Is Rent – Seeking So Costly to Growth? [J]. American Economic Review, 1993, 83 (2): 409 – 414.

[162] Musgrave, R. A. The Theory of Public Finance [M]. New York: McGraw – Hill, 1959.

[163] Myers, Majluf. Corporate Financing and Investment Decision When firms Have Information That Investors Do Not Have [J]. Financial Economics, 1984, 13 (2).

[164] Niessen A. , S. Ruenzi. Political Connectedness and Firm Performance: Evidence from Germany [J]. German Economic Review, 2010, 11 (4): 441 – 464.

[165] Nitzan, S. Modelling Rent – Seeking Contests [J]. European Journal of Political Economy, 1994, 10 (1): 41 – 60.

[166] Peltzman, S. Toward a More General Theory of Regulation [J]. Journal of Law and Economics, 1976, 19: 211 – 240.

[167] Posner, R, A. The Social Costs of Monopoly and Regulation [J]. Jour-

nal of Political Economy, 1975, 83: 807 - 827.

[168] Pralahad, C. K. and Hamel, G. Core Competence of the Corporation [J]. Harvard Business Review, 1990, 3: 79 - 91.

[169] Rajan, Raghuram G. and Luigi Zingales. The great reversals: The politics of financial development in the 20th century. Working paper, University of Chicago. 2001.

[170] Rajan, R. G. and Zingales, L. Financial Dependence and Growth [J]. American Economic Review, 1998, 88 (3): 559 - 586.

[171] Rock, M. T. and Bonnett, H. The Comparative Politics of Corruption: Accounting for the East Asian Paradox in Empirical Studies of Corruption, Growth and Investment [J]. World Development, 2004, 32 (6): 999 - 1017.

[172] Rogerson, W. R. The Social Costs of Monopoly and Regulation: A Game-theroetic Analysis [J]. Bell Journal of Economics and Management Science, 1982, 13: 391 - 401.

[173] Rose - Ackerman, S. Corruption: A Study of Political Economy [M]. New York: Academic Press, 1978.

[174] Sappington, D. and Stiglitz, J. Information and Regulation [M]. In Bailey, E. ed. , Public Regulation: New Perspective on Institutions and Polices. Cambridge: MIT Press, 1987.

[175] Scott, J. H. 1976. A Theory of Optimal Capital StructurE. [J]. The Bell Journal of Economics, 1976, 7 (1): 33 - 54.

[176] Sharpe, W. Portfolio Theory and Capital Markets [M]. New York: McGraw - Hill, 1970.

[177] Shleifer, A. , Vishny, R. Politician and Firms [J]. Quarterly Journal of Economics, 1994, 109: 995 - 1025.

[178] Shleifer, A. and Vishny, R. W. The Grabbing Hand: Government Pathologies and Their Cures [M]. Cambridge, Mass. : Harvard University Press, 1998.

[179] Shleifer, A. , Vishny, R. The Grabbing Hand: Government Pathologies and Their Cures [M]. Harvard University Press. 1998.

[180] Shleifer, A. and Vishny, R. W. Corruption [J]. Quarterly Journal of

Economics, 1993, 108 (3): 599 – 617.

[181] Shleifer, A. and Vishny, R. W. Politicians and Firms [J]. Quarterly Journal of Economics, 1994, 109 (4): 995 – 1025.

[182] Smith, A. The Wealth of Nations [M]. London: W. Strahan and T. Cadell. Reprinted, Oxford: Clarendon Press, 1976.

[183] Stigler, G. J. The Organization of Industry [M]. Irwin: Homewood, 1968.

[184] Stigler, G. J. The Theory of Economic Regulation [J]. Bell Journal of Economics and Management Science, 1971, 2: 3 – 21.

[185] Stiglitz, J. E. Markets, Market Failures, and Development [J]. American Economic Review, 1989b, 79: 197 – 203.

[186] Stiglitz, J. E. On the Economic Role of the State [M]. In Heertje, A. ed, The Economic Role of the State, Oxford: Blackwell, 1989a.

[187] Stiglitz, J. E. , Weiss, A. Rationing in Markets with Imperfect Information, American Economic Review, 1981, 3 (71): 393 – 410.

[188] Storey, D. J. Understanding the Small Business Sector [J]. London: Routledge, 1994. Stulz, R. Managerial Discretion and Optimal Financing Policies [J]. Journal of Financial Economics, 1990, 26 (1): 3 – 27.

[189] Teece, D. J. Economies of Scope and the Scope of the Enterprise [J]. Journal of Economic Behavior & Organization, 1980, 1 (3): 223 – 247.

[190] Thompson, J. Organizations in Action: Social Science Bases of Administration [M]. New York: McGraw – Hil, 1967.

[191] Thorsten, B. , Ross, L. , and Norman, L. Finance and the source of Growth [J]. Journal of Financial Economics, 2000, 58 (7): 261 – 300.

[192] Tirole, J. The Theory of Corporate Finance [M]. New Jersey: Princeton University Press, 2006.

[193] Tollision, R. D. and Congleton. The Economic Analysis of Rent Seeking [M]. Aldershot: Edward Elgar Publishing Company, 1995.

[194] Tollison, R. D. Rent Seeking [M]. in Mueller, B. C. ed. , Perspectives on Public Choice: A Handbook, Cambridge, UK; Cambridge University Press, 1997.

[195] Trester, J. , Jeffery. Venture Capital Contractingunder Asymmetric Information [J]. Journal of Banking Finance, 1998, (22): 675 – 699.

[196] Tullock, G. Rent-seeking [M]. Aldershot: Edward Elgar Publishing Company, 1994.

[197] Tullock, G. Efficient Rent-seeking [M]. College Station: Texas A&M University Press, 1980.

[198] Tullock, G. The Welfare Costs of Tariffs, Monopolies, and Theft [J]. Western Economic Journal, 1967, 5 (3): 224 – 232.

[199] Wu, W. , Wu, C. and Rui, O. M. Ownership and the Value of Political Connections: Evidence from China [J]. European Financial Management, Article first published online, 2010.

[200] Wu, W. , Wu, C. , Zhou, C. and Wu, J. Political Connections, Tax Benefits and Firm Performance: Evidence from China [J]. Journal of Accounting and Public Policy, 2012, 31 (3): 277 – 300.

[201] Xu, H. and Zhou, J. The Value of Political Connections: Chinese Evidence [J]. SSRN Working Paper, 2008.

[202] Xu, N. , Xu, X. and Yuan, Q. Political Connections, Financing Friction, and Corporate Investment: Evidence from Chinese Listed Family Firms [J]. European Financial Management, Article first published online, 2011.

后　记

　　这篇《民营中小企业政治关联对信贷融资影响的理论与经验研究》的论文即将完成，也意味着我的博士学习生涯即将结束，在寂静的夜晚，我用鼠标滚动着即将完成的博士论文，思绪像电影般回放着这三年的时光，此时此刻，心中难免感慨万千。回想博士学习期间的点点滴滴，不乏辛苦、焦虑、迷惘、纠结、自我怀疑与泪水，但也充满着获取知识的幸福感与满足感。"痛并快乐"的三年离不开恩师的教诲，离不开同学、朋友的帮助，也离不开亲人的鼓励。

　　首先，要感谢的是我的导师杨玉生教授。博士入学前跟随杨老师上专业课的场景还历历在目，老师是那样的和蔼可亲、那样的谦逊、那样的渊博、那样的具有人格魅力的一位老先生，也正是那样的感觉让我励志好好准备博士入学考试，希望能够顺利成为杨老师门下的弟子。博士入学以后，杨老师渊博的学识、严谨的治学态度、豁达的人生态度以及对名利的淡然不时地熏陶着我，是恩师的言传身教将我带入经济学知识的殿堂、得窥学术的门径。论文从选题到写作，从框架到细节，都离不开恩师的殷切教诲。在博士论文选题、构思及写作中，烦躁、迷茫、不安、痛苦常常伴随着我，是恩师的鼓励与指导帮我度过了最艰难的时刻。在此，我发自内心地向恩师道声"谢谢"！

　　感谢李平老师、黄险峰老师及韩毅老师在论文选题、开题、写作过程中对我的帮助与指导。三位名师谦和大度的处事风格、严谨端正的学术态度、贯通各科的丰富知识让我感到敬仰与崇拜。李老师和黄老师在我博士学习期间对《高级微观经济学》《高级宏观经济学》的精心授课为我后续的经济学学术研究奠定了扎实的专业基础。李老师与黄老师在论文选题及写作过程中给予我的启发，对我博士论文的最终形成起到十分关键的作用。在此，对几位名师的帮助表示深深的敬意与谢意！

　　博士期间，我的硕士生导师杨秀萍教授也给予我莫大的精神支持。每每在我感到迷茫、脆弱、最需要帮助的时候，杨老师总给我带来温暖、鼓励与力量，让我有勇气在学术的道路上继续努力、不断探索。在此，用博士论文的一角，来表达对杨老师多年来的感激之情！

感谢沈阳师范大学苏艳丽老师三年来对我的帮助、指导与鼓励。感谢同窗好友张婷玉、张颖、曾璐璐、尚芹、王静娴、武金存、李飒、张志明、杨玫研、娄春杰等，是你们的不断鼓励与陪伴，让我有信心攻克论文写作中的一个个难关，最终完成博士论文。感谢好友牛亚丽、牟婷婷、朱应会、李娟、刘磊、马源等多年来对我的精神支持，感谢好友牟婷婷、张婷玉、唐迎蕾、马源、梁敢记，表弟李绿洲在我博士论文数据搜集中的辛苦付出，是你们的帮助让博士论文如期顺利完成。

感谢郑州航空工业管理学院会计学院王秀芬院长、张功富副院长等领导长期以来对我的指导和帮助，以及在本书出版过程中给予的大力支持。另外，本书得到河南省高等学校人文社科重点研究基地培育基地"会计与财务研究中心"的资助，在此一并表示感谢。

最后，我要感谢我的家人。感谢父母的养育之恩，二十四年的求学之路凝聚了父母太多的汗水与心血，是父母的默默支持鼓励着我在求学生涯中不断地冲刺与前行，让接近而立之年的我仍然在清净美丽的校园里圆自己的博士之梦而不用承受任何的生活压力。感谢我的爱人多年来对我的包容和支持，感谢弟弟、弟妹的时常关心，感谢侄女笑笑的出生，在枯燥、紧张的论文写作过程中带给了我无限快乐！

郭丽婷
2018 年 9 月